働く人の「35歳」から後悔しない生き方

弁護士
ライフプランナー
舛井一仁

はじめに
――三五歳のあなたへ。心をしっかり引き締めて、立ち止まって

久しぶりに本を書くことになりました。

この本を手にとってほしいと思う世代は三〇代の現役の方々です。

僕自身はこの本が出版される頃には六五歳になっています。世代的には団塊後の世代に属して、会社に入社した時の同期は今年で定年退職して年金生活に入るメンバーも少なくありません。もちろん会社に残り、頑張っているメンバーも多いです。

しかし僕自身は、これまでいろいろな書物や講演などにおいて普通の会社員生活とは少し違う道のりを歩いてきました。初めて僕の本を手にとっていただく方には定年を迎えたビジネスマンの回顧録と思われるかもしれませんが、そういう視点での記述はあまりありません。

その理由は僕が社会人生活を考える時に、いつも「五年くらい先なら計画が立てられる

し、いろいろ実行できるのではないか?」ということを学生時代から考えていて、幸いなことに自分の計画にそって社会人生活を送ってくることができました。

そしてこれからも、いつも五年くらい先を見ながら頑張り続けたいな、という気持ちが強いのです。

本著の中に僕自身の五年ごとのライフスタイルのようなものを整理しましたので、ご覧になっていただきたいのですが、いつも楽しく仲間と力合わせて頑張れれば、おおむね人生は楽しくなるのではないかと思っています。

結果として五年が一区切りだったのか、計画的だったのかは人それぞれ感じ方が違うので一概には言えないのですが、僕にとっては五年という期間は気持ちの上でとても区切りのよい数字であり期間です。整理してみたらたまたまそうだった、というのではない気がします。

五年ごとに区切って振り返ると、やはりそこには実行可能性や俯瞰可能性、政府の諸政策(たとえば年金支払い期間が二〇年＝二四〇カ月とか、年金支給開始が六五歳であるとか)も五で割り切れる期間が多い。そして何より自分でも五年先の目標であれば立てられやすいという思いも強いのです。

そこで、三〇代半ばで自分の人生を少し立ち止まって見直ししてみたいとか計画の練り直しをしたいと思う方々に、自身の経験から見えてきたプランニングの技とか、少し視点を変えて自分がもっとわくわくできるような、目標の設定の技などが少しでも伝わればうれしく思い、そんな気持ちでこのたび本著を書くことを決断しました。


ただ三〇代という年齢はエネルギーに溢れている半面、社会人としての評価や自分の意識を確立させる真っ只中にいるわけで、そう容易にライフプランを計画し実践することが難しいことも重々承知しています。

この本でいろいろな経験のある方々をご紹介しますが、彼らだって三〇代にてきぱき決めて行動していたわけではありません。皆迷って迷って、そして決断しているのです。

ですから、成功の結果だけをとらえないでください。そこに至るまでの苦労はみな同じです。特に今の時代のように、兼職を容認するような風潮があったわけではありませんし、生涯一企業の風潮が強い中で、皆、今の会社生活を決断したのです。悩んで当然です。

それでも第一歩を踏み出して、少しずつですが人生を自分が描く方向にもっていきました。大変な苦労だったと思います。本は紙面の関係で彼らの内面の苦労までを実写することは難しいのです。

皆同じように悩んでは躊躇して、そして誰かの一言があったり家族の支援があったりして一歩前に出たのです。

そんなことを考えると、人は愛されてなんぼだなあ、などということに心が向いてしまいますが、そこは心をしっかり引き締めて、少し戦略家として一歩踏み出してみませんか。本はかっこいいことを書きます。その行間を是非読みとってください。皆振り返りたくないことの方が多いかもしれません。僕も五年ごとの計画や実績を書きますが、その裏側では泥臭いことをたくさんしてきました。

頼って意見を求めたり、信頼する大先輩が力をくださったり、いろいろな思いが胸をよぎります。結果としてこうなったのですが、相当紆余曲折しながら、ご縁に助けられました。そのご縁をいただいた方々全てを書き出すことはできません。また別の機会にその続きの機会をいただければと願っております。

さあ、元気を出して、いろいろな先例を参考にして第一歩を踏み出してください。僕はいつでも応援しています。

一章　七五歳現役時代における「三五歳」の自分の見極め方

二章　今の仕事のままでいいのですか

三章　今からなら何でもできる

四章　キャリア充実のために再勉強は重要なテーマ——大学院・研究所・海外留学

一章

七五歳現役時代における「三五歳」の自分の見極め方

計画通りに進んできましたか？　何かし忘れたことはありませんか？

三五歳は会社の中では中間管理職と呼ばれる世代です。見える景色も少しずつ変化する時期ではないかと思います。七五歳まではまだ四〇年もあります。今から計画を立てて緩やかに実行していくことができます。

今回この本では周囲の家族とか収入とかに触れることはしません。個人の状況によりその差があまりにも大きいので、キャリアの構築、新しい自分のライフスタイルへの発見のキーワードなどを念頭に置きながら、これまで漠然と描いていたことを少しずつ現実化させていけるように背中を押すことに集中してペンをとっています。

まずこれまでを振り返ってみましょう。

●何か、し忘れたことはありませんか？

●計画通りに進んできましたか？

●これまでの実績を今後どう活かしたいですか？
●今の会社に残ってそれができますか？

それを紙に書き出してみましょう。
二三歳〜二七歳　二八歳〜三二歳　三三歳〜三七歳
自分がイメージしていたことは何ですか？
振り返ってできたこと、できなかったことは何ですか？

思いっきり書き出してください。

僕は五年ごとに計画を作り、スケジュール管理することを提唱しているのですが、どうですか。五年ごとって案外短いようですが、結構なボリュームがある期間でしょう？

会社生活をしていると五年ごとに異動になる人もたくさんいます。けじめをつけるには、ちょうどいい時間かもしれません。

そしてこの五年間を細かくスケジュール管理していくと、五年の間の各々の時間帯がはっきりと見えてきます。もしそこで何かを学ぶのなら、その予定を先に書き込みます。

例えば学校であれば時間割、セミナーであれば明確な色で判別できるように書き込み、異空間に自分を置くという意識を高めます。

年間予定、月次予定、週間予定がしっかり書きとめる手帳を活用することです。そして決まっている予定を書きこむと、次に週末と週日の空白タイムがクローズアップされます。そこがあなた自身で考えた中期五年計画に書きいれた予定を入れ混む時間帯です。家族との予定も入れてくださって結構です。

三五歳のあなたにとって五年後は四〇歳となっています。その時を想像しながら、楽しみながら、そこにいる自分を妄想してください。

あなたが考えた、こうしていたい！　という希望通りに進むかどうか、楽しみではないですか？

頭の中は計画を書きこみ、予定を入れつくすことで、だんだん自分の五年後が見えてきます。そのイメージがとても大事なものなのです。

修正はいつしてもかまいません。修正でその後が変わっても構いません。目的さえしっかりしていれば大丈夫です。

あの時にはあれしかなかった、と泣き寝入りだった時代もリセットできる

僕が三五歳のビジネスマンに向けていろいろなことを仕掛けるような応援メッセージを送るには様々な理由があります。

それは自分たちの時代に、本人のせいではなく産まれたそして置かれた環境の中で、どうしても選択肢が無い人生を送らなくてはいけなかった仲間たちが数多くいたということから生まれています。

中学卒業時にクラスの中の数名はすぐに就職をして働きに出ました。彼らは笑っていました。卒業式でも笑顔いっぱいで。

肉屋に就職したＩ君は僕が家の食材を買いに行くと、いつも目いっぱいの笑顔で接してくれました。食品工場に就職したＫさんも、製造業に就職したＩ君も、最後まで笑顔でした。

そして現実には希望とはかけ離れた人生を送っているかもしれません。同窓会で会った時に感じました。そんな時代でした。

集団就職も目のあたりにしました。四月になると近所のお店には一五歳の若い人たちがたくさん東北からやってきました。乾物屋もパン屋も美容室もそうでした。

やりたいことが他にある、ということを話してきたメンバーもいます。あの時にはあれしかなかったから、と下を向くメンバーもいました。彼らなりにいろいろチャレンジしましたが、学歴が最後までものを言う時代でした。

また僕らの時代でも大学の序列化はあり、企業の採用も指定校制度などというバカげた基準はありました。要は採用した社員に辞められた時に、あんな大学を採用するからだという批判をかわす意味で指定校制度に異議を述べない輩が多かったのです。

社会の暗黙の合意の中で、自分が育った一〇代の環境がその後一生を左右することが当たり前の時代がありました。

しかし社会に出てから活躍するメンバーの中に、学歴やその他の理由で差別されてきたことがエネルギーとなって、以前とは比較にならないくらいに才能を発揮し始めて、たまたま通った大学などがその人の才能とはあまり関係がないということもわかってきました。
これまでは出身学部の学歴改造は面倒でしたが、今は本人の意思で次々と新しい才能が出てきて、学歴などをわざわざ紹介することも減ってきました。

アメリカの名だたる経営者たちがその若い時の病名などを公表するようになり、一部では既に障害とされていた読字障害などの病名を堂々と名乗り、社会生活を送る人も出てきました。

ましてや元気に会社生活を普通に送っていた人たちが、さらに自分の夢や希望に沿って進路を緩やかに変更しようなどということは普通に行える時代になっています。

環境は相当なレベルで揃っていると思います。さらにこれらに加えて、寿命が延び、選択肢が増え、五三年の社会人活動期間（定年七五歳）などが現実的なものになってきた場合には、もっともっと戦略的に考え、動いていいのではないだろうかと考えます。

ＡＩは我々を幸福にするために利用されるべきものであります。競争相手ではありません。人間にしかできないことがまだまだあるのですから、ＡＩに仕事をどんどん委譲して、自分たちが新しく切り開く道は無限に目の前に広がっていると思います。またそう活用されなくてはいけません。

こんな時代、自分の生きる道程をしっかり自分らしくデザインすることはもっと自由に進めて良いと思います。

人生のリセットと言うと大げさかもしれませんが、緩やかに自分が希望する方向にもっていくということでしょうか。

幸い、社会人生活を評価して、高卒に大学卒業資格を認定することもあります。大学院にもよりますが、独自に入学規定を作り、社会人としての業績と経験を単位相当と認定して受け入れているところがあります。

とにかくやりたいことを突き進める計画を立案する時には戦略をじっくり検討して、調査して、情報を集め、知恵を借りて、先輩に相談して、進めてください。

躊躇は何ももたらしません。冒険、挑戦が門戸を開け、広げます。

こう俯瞰してくると、三五歳で経験を活かしてキャリアを設計することは案外楽な気持でできると思いませんか？

これまでおそらく多くの場面で、比較とか対比とか競争とかで判断してきたことが、自分らしさで決める、決めていいのだ、と言われると、エネルギーが湧いてきませんか？

まずは自分自身で、こういう生活をしたいという情熱ありきで

いつの時代も自分で大学を決めて、就職先を希望してチャレンジして、その結果縁のあった会社に就職し、同僚とせめぎあって上に登り始め、会社員生活を終えるというモデルは根強く残っています。

これほど転職が盛んになった時代でも総務省の統計によると二〇一六年の転職率は男性四％、女性五・七％程度で推移しています。

実感からの数値も周囲を見渡すと、この程度ではないかと感じます。しかし転職者の意識は時代と共に変化しているはずです。時代背景というものが大きく作用するからです。

就職氷河期と言われた九〇年代後半からの時代に就職活動をしていたメンバーにとって

は、現在のような有効求人倍率の時代においては、気持ちの上ではもっと希望の職種に移りたいと願うメンバーも多くいるであろうし、実際それにチャンレンジできるかは別として、チャンスや背中を押してくる人がいたら転職したいと願う数は潜在的に多いと確信しています。

そこで、迷う三五歳世代のみなさんへの提言を考えてみます。まず時代はこれからも大きな変化を迎えることを改めて感じるような事実を俯瞰してみましょう。

① 健康寿命が確実に延びていること。

② 年金の受給年齢が確実に遅くなるであろうということ。

③ いま社会を動かしているライフスタイルが確実に変わるであろうということ。

健康であり、かつ社会と接触して生きていきたいと考える人たちには、これまでの常識を言われてきたさまざまなスタイルが徐々に陳腐化していくことになります。

六五歳で引退してもう社会と関わりたくないという方々にはこの本を読んでいただかなくて結構ですが、やはり元気なうちは積極的に社会活動、特に好きな仕事に携わっていたいと願っています。

しかし、二二歳で決めた会社に五三年勤務というのも社会の要請や希望とはかけ離れて

年齢階級別転職者数及び転職者比率

	男女	年齢階級	総数	15～24歳	25～34歳	35～44歳	45～54歳	55～64歳	65歳以上
転職者数 実数（万人）	男女計	2013年平均	287	52	77	65	40	41	11
		2014	291	55	76	67	41	40	12
		2015	299	54	80	65	45	41	14
		2016	307	58	77	60	51	43	17
		2017	311	57	79	67	50	42	15
	男	2013年平均	143	25	39	28	17	27	8
		2014	139	25	37	27	16	25	8
		2015	140	26	38	25	16	25	10
		2016	144	25	38	23	18	26	12
		2017	147	26	38	29	19	25	10
	女	2013年平均	143	28	38	36	23	14	3
		2014	152	31	38	40	25	14	4
		2015	158	29	41	39	30	16	4
		2016	163	33	39	37	32	17	4
		2017	164	31	42	38	31	17	5
転職者数 対前年増減（万人）	男女計	2013年平均	1	0	−4	0	0	3	1
		2014	4	3	−1	2	1	−1	1
		2015	8	−1	4	−2	4	1	2
		2016	8	4	−3	−5	6	2	3
		2017	4	−1	2	7	−1	−1	−2
	男	2013年平均	2	0	−2	0	1	2	1
		2014	−4	0	−2	−1	−1	−2	0
		2015	1	1	1	−2	0	0	2
		2016	4	−1	0	−2	2	1	2
		2017	3	1	0	6	1	−1	−2
	女	2013年平均	−1	1	−2	−1	−2	2	0
		2014	9	3	0	4	2	0	1
		2015	6	−2	3	−1	5	2	0
		2016	5	4	−2	−2	2	1	0
		2017	1	−2	3	1	−1	0	1
転職者比率 実数（％）	男女計	2013年平均	4.5	11.0	6.6	4.3	3.0	3.5	1.7
		2014	4.6	11.3	6.5	4.4	3.0	3.5	1.8
		2015	4.7	11.2	7.1	4.3	3.2	3.6	1.9
		2016	4.8	11.5	6.9	4.1	3.5	3.8	2.1
		2017	4.8	11.1	7.0	4.6	3.4	3.7	1.9
	男	2013年平均	4.0	10.4	5.9	3.2	2.3	3.9	2.1
		2014	3.8	10.2	5.7	3.1	2.1	3.7	1.9
		2015	3.9	10.4	6.0	2.9	2.1	3.8	2.3
		2016	4.0	10.0	6.0	2.7	2.3	4.0	2.6
		2017	4.0	10.0	6.1	3.5	2.3	3.8	2.1
	女	2013年平均	5.3	11.5	7.5	5.7	3.9	2.9	1.2
		2014	5.6	12.7	7.6	6.2	4.2	2.9	1.5
		2015	5.7	11.9	8.4	6.1	4.8	3.4	1.4
		2016	5.8	13.0	7.9	5.9	5.0	3.6	1.3
		2017	5.7	12.2	8.4	6.0	4.6	3.5	1.5
転職者比率 対前年増減（ポイント）	男女計	2013年平均	−0.1	0.0	−0.2	0.1	−0.1	0.3	0.0
		2014	0.1	0.3	−0.1	0.1	0.0	0.0	0.1
		2015	0.1	−0.1	0.6	−0.1	0.2	0.1	0.1
		2016	0.1	0.3	−0.2	−0.2	0.3	0.2	0.2
		2017	0.0	0.4	0.1	0.5	−0.1	−0.1	−0.2
	男	2013年平均	0.1	−0.2	−0.2	0.0	0.1	0.4	0.2
		2014	−0.2	−0.2	−0.2	−0.1	−0.2	−0.2	−0.2
		2015	0.1	0.2	0.3	−0.2	0.0	0.1	0.4
		2016	0.1	−0.4	0.0	−0.2	0.2	0.2	0.3
		2017	0.0	0.0	0.1	0.8	0.0	−0.2	−0.5
	女	2013年平均	−0.1	0.0	−0.4	−0.2	−0.5	0.4	−0.1
		2014	0.3	1.2	0.1	0.5	0.3	0.0	0.3
		2015	0.1	−0.8	0.8	−0.1	0.6	0.5	−0.1
		2016	0.1	1.1	−0.5	−0.2	0.2	0.2	−0.1
		2017	−0.1	−0.8	0.5	0.1	−0.4	−0.1	0.2

いく気もします。そんな先までは読めないし、そもそも縁があると思ってお世話になった会社にも寿命はあります。

長年継続している会社は老舗企業ランキングなどを見ると食品や旅館、製造業などたくさんありますが、いま若い人たちが就職を希望するかとなると、その希望ランキングとは遠いものとなっています。


そこで僕自身が今六五歳という節目の年に到達した時に、これまでは自分があこがれるような生涯プランモデルを実践されている方々とはあまりご縁が無く、あの人のように生きたい、とか、素敵なライフプランだなあ、と惹かれるモデルがなかなか見つかりませんでした。

また、三五歳の時点で何を考えていたかと言うと、成功モデルの真似という感覚は全くなく、自分でこうしたい、という数年先の目標をしっかり立てて、手帳に書き込み、それを毎日実践することで脳内を活性化し、突き進む生活を経験しました。

後悔はありませんでした。その過程で出会った方々については本著でも折に触れて書かせていただきますが、八〇歳を過ぎて起業されて成功されている方もいらっしゃれば、四

○代で上場された方もおられます。そこまで極端な成功モデルではなくとも、自分らしくプランニングされ実行されている方々もたくさんいらっしゃいます。

環境や政府指針も大切ですが、まずは自分自身で、こういう生活をしたい、こういう仕事をしたい、という情熱がまずありきで、そのための意識改革、気付き、出会いへの挑戦、家族への配慮、仲間との協業など考えられるあらゆる側面から最適な人生設計を実現してほしいと願っています。

大切なのは自分らしく自主性をもつこと

一般論を語るのであれば、ウェブで「中途採用」などのキーワード検索をすれば多くの企業の人事担当者の意見や考え方などが表示されるし、時代の流れもそういう傾向を後押しするような特集記事もたくさんあります。

しかし僕は自分の生きざまにも関係するのですが、こういう時代の傾向とか流れというものにあまり興味がありません。世間が作った流れなどいうものは、記者が記事を求めて、一部の動きをクローズアップして書くことが多いので、真の事実を反映しているかどうかが全くわからないからです。自分で感じればそれで十分でしょう。

大事なことは、世の中がそういう動きをしているなら自分も乗り遅れないようにしなくては、という志向が最も危険なものであるということを感じるべきであろうと思います。

いまの時代の流れで自分が納得できることは、前項に述べたように、これまでよりも活動期間が長くなっているということ、年金が先送りされるだろうということ、を踏まえて、もっと楽しく生きることを模索する楽しみを感じてほしいということであります。

三五歳であれば、あと四〇年を生き生きと生きるために、さてこれから何をしようかと胸をわくわくさせて計画を立案し、書き出し、実行していくことです。

さらにつけ加えるならば、あとでこの本の中にも書きますが、八〇歳過ぎてからも起業して現役ばりばりに活動している方々を参考に、さらにその先までの絵を描くことができれば、さらに笑顔が増えるであろうことは間違いないでしょう。

早く年金生活に入りたい、などという考えは捨てて、健康で、納税や時代の変化に対応した社会貢献をしながら楽しみたい、という気持ちになることができれば、その道はたくさんあります。

繰り返しますが、モデルを作るためではなく、自分が仲間や家族と楽しむ先に国家への大きな貢献が付いているということです。それがどれほど大事なことかは政治家は皆理解しています。言い換えれば彼らから支援を得るのはそう難しくないことだということです。

転職の人数を目の当たりにした時に、日本ではまだまだなのだなあ、と感じます。客観的な数字だけでは判断できませんが、これから紹介する方々も含めて、自分らしく生きるためのキャリアアップの戦略には、淡々と進める心の準備も必要になります。

もちろん後押しする風土も大事ですが、僕はやはり大切なことは自分らしさ、自分で設計した道を歩む、という自主性こそが大切なものだという信念があります。

六五歳になって振り返ることもあります。その時に心地よく思いだされることは、自分のやりたいことをやり通したということが一番楽しく思いだされます。

自分があのまま会社に残っていたらどうなっていたかなどと考えることはありません。せいぜいあそこであれして、で終わりです。大学に残っていたらせいぜい教授以上を目指す意気込みもなく、でお終いです。

どの世界でも、一丁上がり、のタイミングと言うものがあります。何とつまらない評価でしょうか。その先を超えて、まだ誰も見たことが無い新しい世界に自分のデザインしたルートで昇らないか？　と自問してみてください。

会社勤務してきたメンバーが関係会社に出向して、そこで次の人事からの後任人事の通達を待って退任すると言う時期があります。全て他人の判断の下、レールに乗っていれば安全なのかもしれません。

そしてその後、また新たに何かしようと思ってもせいぜい同僚と新橋でグダグダ語る程度の時間しか想像がつきません。それは僕にとってはつまらない時間です。それよりもっと興奮する道も描けるのです。

自身の強い意志が問われますが、幸い三〇年前よりも今の方が周辺の環境は圧倒的に整備されていていることは間違いありません。

思い立った時の周辺環境は今の方がはるかに整備されています。流される危険もありますが、冷静に判断すれば今の方が自分らしい道筋を描ける環境になることは間違いないのです。

副業容認の国の政策の中で、目立たぬようにさっさとやり遂げる

政府も副業を容認する政策を発表し、経団連もそれを受けて政策の転換を公表しました。もちろんネガティブな意見はありますが、そんなことはどうでもよいことです。大切なのは、世の中の風潮としてはそういう動きがあるということです。

だからと言って、この政府の意見の通りの口車に乗るということではありません。こういう政策を最大限に自己解釈して、これからの自身の計画や行動の後押しを一部のメンバーにしてもらう程度のことで良いのです。

自分の考えと計画と行動は自分らしく、だが結果として世の中もそういう雰囲気が一部に明白に現れており、時代の流れで済ませる（いわゆる不要なメンバーに対する間接的説明の時間を排除するという意味において）ことも可能になる、今頃政府が言っているわい、というスタンスで良いのです。

自身が今まで考えてきたことを進めてきたら、たまたま政府も乗っかってきた、で良いのです。大事なことは、はっきりと自分の人生は自分が決めるという意思の自己内部醸成と、目立たぬようにさっさとやり遂げる計画力、実行力、意思力が大切なのです。

言い換えれば、自身が進める自分らしいライフデザインは規制や法律とは無関係に、自由に自分で自分のライフプランニングを策定して実行するという、自身の哲学に基づくものであるということを常に念頭に置くことが大事です。

それは時に時代の先読みという評価が得られるかもしれないし、時代遅れとなることもあるでしょう。デザインしたライフスタイルがまだ誰も観たことがないような最先端のものもあれば、結果的に江戸時代の町民の中に芽生えていた生き方みたいなものかもしれません。

いろいろな興味ある本を読み、様々な、お会いしたこともない人たちの意見からヒントを得て、そして今の時代背景や家族構成、仲間との大事なネットワークのバリューなどを総合的に考えて、次への一歩を決めることが大事です。

もう一度、自分にじっくりと向き合って自問自答するといいかもしれません。

「何をしたいのだ、生きている間に?」そしてこんなことを、と漠然と思うことを書き出し、徐々に構成を整えて行くということが第一歩でしょう。
さて政府の方針はどうか？　次に挙げておきます。

日経新聞
2017／11／20　18：20

副業認める就業規則　厚労省がモデル改正案

厚生労働省は二〇日、企業が就業規則を制定する際のひな型となる「モデル就業規則」について、副業を認める内容に改正する案を有識者検討会に提示した。現在は原則禁止としているが、事前に届け出を行うことを前提に副業ができると明記した。中小企業のなかには自社の就業規則にモデル就業規則を転用する場合も多く、一定の普及効果を見込む。
副業・兼業やテレワークなどを議論する検討会で提示した。現在のモデル就業規則にある「許可なく他の会社等の業務に従事しないこと」を削除した上で、「労働者は勤務時間外において他の会社等の業務に従事することができる」との規定を新設する。長時間労働を招かないかなどを確認する観点から、会社に届け出をすることとしている。モデル就業規則は二〇一七年度中に改正する。検討会では副業の際の労働時間の把握などを、現行法に基づき記したガイドラインの骨子案も示した。
政府が三月にまとめた働き方改革の実行計画では、副業・兼業の推進を掲げている。ただ本業がおろそかになるといった懸念が経営側にあり、中小企業庁の一四年度の調査によると企業の八五・三%が副業を認めていない。

一方経団連もこれを受けて方針を発表した。

産経新聞
2017／12／18

経団連、副業・兼業容認へ転換　年初にも方針　働き方改革の一環で各社に検討促す

働き方改革推進の一環として、経団連がこれまで反対してきた従業員の副業・兼業に関し、容認に向けた検討を各社に促す方針へ転換することが一七日、分かった。政府が副業・兼業を認める方向で制度改正を進めていることに対応する。来年初めにも経団連としての方針を決定し、会員企業に示す。平成二七年二月発表の政府調査では、副業・兼業を認めている企業は約一五％どまり。また、最近の民間調査では中堅企業の約三三％が副業・兼業を認めているという結果も出ているが、大企業では取り組みが遅れている。経団連の方針転換で、大企業でも容認の動きが加速しそうだ。

経団連はこれまで従業員の副業・兼業について、社会保険料や雇用保険料の負担、労働時間の管理など整理すべき課題が多いとして、認めない立場を明確にしてきた。榊原定征会長も長時間労働の是正を重要課題に挙げていることなどを理由に、「副業・兼業を推奨することには抵抗があり、今のところ旗を振って推進する立場ではない」と発言してきた。

一方、政府は新しい働き方の推進に向け、企業が就業規則を制定する際のひな型となる「モデル就業規則」の改定を進め、副業・兼業を認める方向。多様な働き方を認めることが能力開発、人材開発につながるとしている。また長時間労働を招かないようにするため、副業・兼業を行う際、本業の会社に届け出ることをルール化することなども想定している。このためモデル就業規則改定の議論に参加する経団連としても、反対の姿勢から軟化。今後は各社に副業・兼業容認についての検討を促す。

「七五歳年金受給開始前提で、七五歳までは元気に働く」計画推奨

大学卒業時の二二歳の時には自分がどういうライフプランで生きて行こうか、などと計

画を立てて会社生活を始める人はあまりいないでしょう。僕の時代も、漠然と定年までいるのだろう、工場には何年か行くのだろう、いずれはこの部署で管理職になるのだろう、程度のことしか頭になかったように思います。

しかし五年後だけは決めて会社に就職しました。

「はじめに」のところで五年ごとの変遷ということを書かせていただきましたが、全体を決めていたわけではなく、ただ五年先くらいまではしっかり書き出して、計画を練っていました。

そしてその時代は六〇歳定年がきっちりと決まっている時代でした。仲間の親世代も、「総合商社などに勤務していると七〇歳までは生きられないよな」等という話が現実的なこととして交わされる時代でした。実際多くの知り合いのお父上が退職後早期に亡くなられていました。

しかし今は前提となる寿命年齢が大きく変化し、加えて、僕自身は七五歳年金受給開始の前提で七五歳までは元気に働く計画を推奨して、書き、語ることをしています。

昨年秋のダイヤモンド社の雑誌の記事にこういう内容がありました。

「英国のリンダ・グラットン教授によれば、二〇〇七年に日本で生まれた子どもについては、一〇七歳まで生きる確率が五〇％もあるという。こうした展望に対応し、政府は今月一一日、有識者を集めて、将来の超長寿社会の教育、雇用、社会保障のあり方などを議論する『人生一〇〇年時代構想会議』をスタートさせた」というものです。

詳細はともかく、ＩＰＳ細胞の治験運用の動きやアルツハイマー特効薬の開発競争等の記事を見ていると、専門家でなくとも、かなりのレベルで寿命一〇〇歳時代がそう遠くないことは想像できます。

そこまで進まなくても、仕事に従事できるであろう年齢について七五歳を一つのメルクマールとすることには異議が少ないであろうとも想像できます。

僕も七五歳年金受給開始には賛成で、そこから逆算すると、ライフプランと言うのは実に五三年にも及ぶものであることがわかります。

年金原資の問題というより、今の年金制度が作られた昭和の中期の時代背景から換算すると、今の時代にはそぐわないものであることは想像できます。政府がどういう方針転換をとるか知りませんが、自身のライフプラン設定の時には、僕は七五歳まで現役を推奨する立場で、その計画を実践中なのです。

まだまだ、この先四〇年も現役でいられる楽しみ

このライフスパンでは生涯一企業に従事するという風潮よりも、ある時期に自分の成長に合わせて、やりたいことを動けるうちに、と考える方が自然のような気がします。またその方が夢を描きやすくなります。

三五歳前後の方々にとっては、まだまだ四〇年も現役でいられる楽しみがそこにあるということになります。これは楽しまない手はありません。

振り返って後悔する時間はありません。ああしたかった、こうしておけばよかった、と嘆く前にできることはたくさんあるのです。

今までしてきたこと、得たこと、ネットワーク、資産、いろいろ書きだして、その先にまだまだ時間的な余裕を含んだ夢の夢が描けるのです。

そしてそのために、これからどうしたらいいかを考え、書き出すのです。こんなに楽しいことはありません。九〇年代と違い選択肢が飛躍的に増えている現在、また政府や公的機関が提唱する環境が整い始めた今、じっくり考えてみませんか?

はじめにも言いましたが、僕はこの本で提案したいライフプランの見直し計画というものを考えた時に、一つのモデルをすぐに想像しました。

それは家庭の事情で希望の大学に行けなかった方が中学や高校卒業後に就職をしたケースです。生涯労働賃金格差は別表のようになります。

しかし一〇代での経歴をベースに生涯生きて行くという時代はもうないでしょう。結論を急ぐようですが、僕は日本の労働文化として四八歳で一次定年を迎え、その後二年間は大学院で勉強研究し、五〇歳からさらに二五年間を新たなキャリアづくりを兼ねた社会人生活を送ると言うのが理想のように考えて提案しています。

その前提が七五歳定年説です。そういう考えがベースにあるので、三五歳ではじっくり計画を練り実行に移せばよいと考えます。

漠然と今の環境を嘆きながら暮らすのではなく、それまでの経験を活かし、かつ将来を見据えた結果、今から五年間の計画を書き出すのです。

男性の生涯賃金

（引退まで注1、退職金注2を含む、2015年）

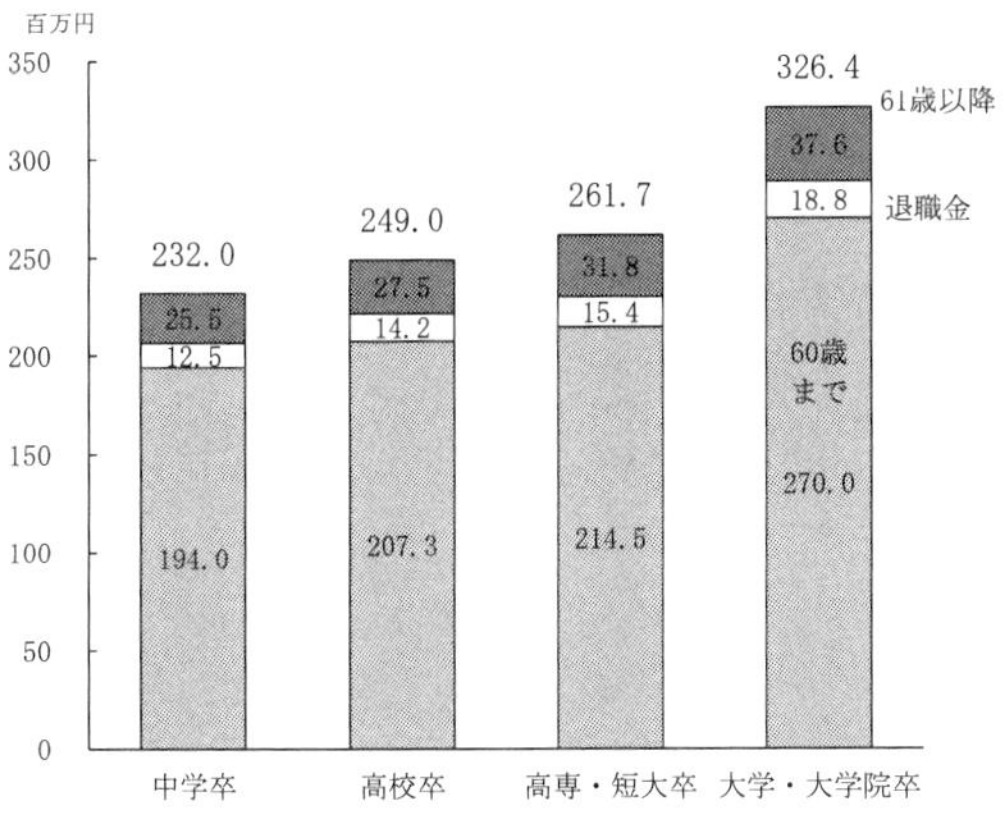

注1：学校卒業しただちに就職、60歳で退職するまでフルタイムの正社員を続け退職金を得て、その後は平均引退年齢までフルタイムの非正社員を続ける場合

企業規模別

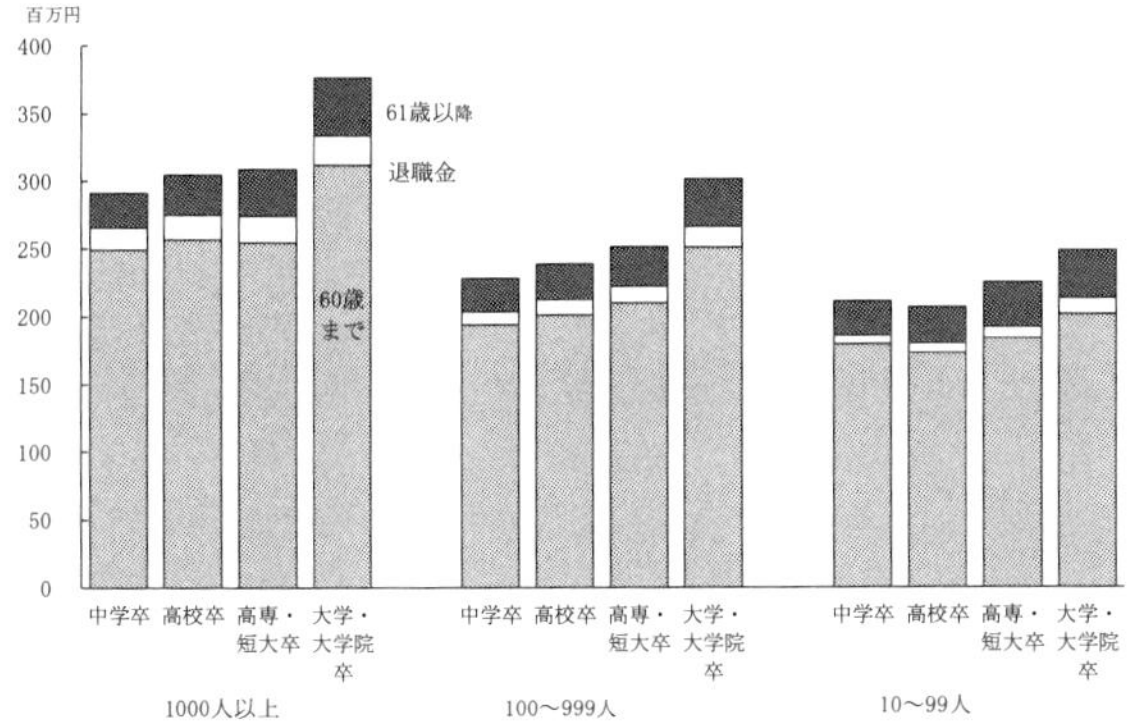

資料：厚生労働省「賃金構造基本統計調査」、「就労条件総合調査」、総務省「国勢調査」

注2：退職金の額は男女計のもの、2012年分のものである。

夢もあるでしょう、したかったこともあるでしょう、それらを書きだし、今からやるべきことを計画するのです。人生改革のプランニングです。夢のある作業です。簡単ではありません。人と会い、裏付けをとり、自分に当てはめるのです。

辛いことではありません。これほどわくわくすることはありませんよね。三五歳、まだ夢見る年頃です。

行動を起こそう、自分がやりたいことを準備万端すすめる

今の時期、つまり三五歳前後の年齢では年金のことなどあまり頭にないかもしれません。同世代のメンバー（家族や教え子を含めて本年を語り合えるメンバー）と話すと、多くが「自分たちの時代には年金は期待できない」といいます。

それを前提にライフスタイルを考えると言うことも素敵な考えですが、現実問題としてありえないことでしょう。

しかし支給開始年齢が遅れることは止められないように感じます。あてにしないで自分のライフプランを考えるという意識のままでも十分楽しいですが、一般論としてはこの本の中では七〇歳以降に支給開始年齢はずれるだろうということは随所に書かせていただきます。

ここでは七五歳支給開始と自分の中で決めて書いています。

年金の運用に関してはいろいろ意見がありますが、ＧＰＩＦ（年金積立金管理運用独立行政法人）の運用パフォーマンスや毎年の過不足の金額を見ただけではこれからの成り行きなどをどう想定するかは難しいものがあります。

僕も専門家ではないので悲観論楽観論を俯瞰して自分の意見をまとめるほどの分析力はありませんが、人口の衰退と労働人口の減少と受給者の増加がどういう結果をもたらすかは、悲観論者の立場に立たなくても厳しいものがあることは理解しているつもりです。

そこでこの本では六五歳以降一〇年は最低でも現役を継続し収入を確保し、七五歳以降もできることなら生活原資を確保できるモデルが構築できないかを底辺に据えて考えて行きたいと思います。

そのためには三五歳の時点から将来の自身の生活モデルを考える意味が大いにあると思

います。言い換えれば、一定の収入を確保できるビジネスモデルを構築し、そのうえで自身のライフスタイルを実現できるような生活を送ることを実現しなくてはいけません。

その時に大きな影響を与えるものがいくつかあります。生まれた環境も欲望も、と書き出すとてつもなく重いものを感じて萎縮しますが、僕は、自分がやりたいことを準備万端進める、くらいの気持ちでいいのではないかと思います。

やりたいこととは何か？　なんて自問していたら何も先に進まないかもしれません。読書数はすごい数でも何もアクションをとらない人もいます。慎重に計画を立てるべきだとは思いますが、慎重すぎて何もせずに一〇年経過と言う人をたくさん見ています。それでは何も実現できません。

行動を起こしましょう。

公的年金各制度の単年度収支状況（平成27年度）
【年金財政の観点から制度横断的に比較・分析したもの】

		厚生年金					国民年金		公的年金制度全体（推計値）
		厚生年金勘定	国家公務員共済組合（推計値）	地方公務員共済組合（推計値）	私立学校教職員共済（推計値）	計（推計値）	国民年金勘定	基礎年金勘定	
		億円	億円	億円	億円	億円	億円	億円	億円
収入（単年度）	**収入総額**	451,641	22,841	58,164	6,811	491,277	39,562	224,866	515,612
	保険料収入	278,362	11,055	29,646	3,864	322,926	15,139	・	338,065
	国庫・公経済負担	92,264	3,007	7,465	1,214	103,949	18,094	・	122,043
	追加費用	・	2,228	2,326	・	4,554	・	・	4,554
	基礎年金交付金	6,777	703	1,547	57	9,085	6,190	・	⑤
	実施機関拠出金収入	23,570	・	・	・	①	・	・	①
	厚生年金交付金	・	5,735	16,598	1,497	②	・	・	②
	国共済組合連合会等拠出金収入	233	・	・	・	③	・	・	③
	財政調整拠出金収入	・	―	546	・	④	・	・	④
	職域等費用納付金	1,193	・	・	・	1,193	・	・	1,193
	解散厚生年金基金等徴収金	46,647	・	・	・	46,647	・	・	46,647
	基礎年金拠出金収入	・	・	・	・	・	・	224,818	⑥
	独立行政法人福祉医療機構納付金	2,386	・	・	・	2,386	132	・	2,518
	その他	209	113	37	178	538	8	48	594
支出（単年度）	**支出総額**	429,008	26,071	70,111	6,902	483,912	41,155	224,628	509,602
	給付費	234,398	13,800	39,070	2,665	289,932	7,311	209,349	506,592
	基礎年金拠出金	169,495	5,838	14,703	2,382	192,418	32,400	・	⑥
	実施機関保険給付費等交付金	23,830	・	・	・	②	・	・	②
	厚生年金拠出金	・	5,675	16,238	1,657	①	・	・	①
	年金保険者拠出金	・	13	36	184	③	・	・	③
	基礎年金相当給付費（基礎年金交付金）	・	・	・	・	・	・	15,275	⑤
	財政調整拠出金	・	546	―	・	④	・	・	④
	その他	1,285	199	63	15	1,562	1,444	4	3,010
運用損益分を除いた単年度収支残		22,633 〈△ 24,015〉	△ 3,229	△ 11,947	△ 91	7,365 〈△ 39,282〉	△ 1,593	238	6,010 〈△ 40,637〉
運用による損益	時価ベース	△ 50,081	131	△ 3,676	△ 602	△ 54,228	△ 3,417	51	△ 57,594
年度末積立金の対前年度増減額	時価ベース	△ 27,345	／	／	／	／	△ 4,899	289	／
年度末積立金	時価ベース	1,339,311	71,552	195,697	20,652	1,627,212	87,768	32,181	1,747,161

（注）１．この表（単年度収支状況）は、公的年金制度の財政状況を年金財政の観点から制度横断的に比較・分析したもので、
・収入（単年度）では、「運用収入」、国民年金（基礎年金勘定）の「積立金より受入」を除いて算出し、
・支出（単年度）では、国共済・地共済の「その他」を有価証券売却損等を除いて算出した上、
収入総額と支出総額の差を「運用損益分を除いた単年度収支残」として算出している。なお、厚生年金勘定、厚生年金の計及び公的年金制度全体の〈　〉内の額は、解散厚生年金基金等徴収金を控除した額である。

２．平成27年10月の被用者年金一元化を踏まえ、国共済、地共済及び私学共済については、長期経理（私学共済は長期勘定）のうち厚生年金相当部分を推計し、厚生年金保険経理（私学共済は厚生年金勘定・厚生年金経理）を加えたものを用いている。

３．厚生年金基金が代行している部分は含まない。

４．平成26(2014)年度に国民年金勘定に福祉年金勘定が統合されたが、ここでは旧福祉年金勘定分を含まない。

５．運用収入は、運用手数料控除後のものである。

６．基礎年金拠出金収入及び国民年金勘定の基礎年金拠出金には、特別国庫負担額を含めた基礎年金勘定への繰入額を計上している。

７．基礎年金勘定の積立金（被用者年金の被扶養配偶者が国民年金に任意加入とされていた昭和61年4月前の元任意加入被保険者が納付した保険料に相当する額の積立金及びその運用収入）については、平成27年度から平成36年度までの各年度において基礎年金拠出金の軽減に充てることになっている。

８．厚生年金の計については、厚生年金全体としての財政収支状況をとらえるため、被用者年金制度間及び厚生年金実施機関間でのやりとり（①～④）について、収入・支出両面から除いている。

９．公的年金制度全体は、公的年金制度全体としての財政収支状況をとらえるため、厚生年金の計に国民年金を加えたもののうち、公的年金制度内でのやりとり（⑤、⑥）について、収入・支出両面から除いている。

１０．国共済の時価ベースの額は、預託金について市場金利を参照して時価に類する評価をした場合の額である。

思いつきではだめ、最悪は資金繰りを考えない借金ベースの計画

僕らの時代は六〇歳まで会社で働き続けるという時代でした。そんな中、自分で設計図を書きだして、自分なりのやり方を通してきました。

もしあなたが今のままではなく、何かもっとやりたいことが見つかり、それに向かって一歩進めたいということであれば、迷わず踏み出してください。

ただし、思い付きではだめです。しっかりと設計した図面に従って行動してください。具体的な図面の描き方は次章以下で述べますが、しっかり夢と現実を融和させてください。

最悪な計画は、資金繰りを考えない無謀な借金ベースの計画です。今会社を設立することは非常に楽になりました。その分、何も計画せずに無謀に設立を急ぐ人もいますが、成功するわけがありません。しっかりと収支を計算して具体化しましょう。

もちろん会社設立ばかりがライフプランニングの中心ではないでしょう。独立して何か

を始めるということもあるでしょうし、会社勤務を継続しながら仲間と新規のＮＰＯ法人を立ち上げたり、或いはプロのコンサルタントとして独立して業務を行うこともあるでしょう。作家デビューもあれば舞台俳優を希望される方もいるでしょう。教員を希望する方はまた特別なルート開拓が必要かもしれません。

それぞれの世界には閉鎖的なルールがあります。新聞報道で見られるように、いじめに近いことが横行している社会もあります。そういう世界においても必ず敵を作らないで入りこむ術はどこかにあるはずです。

そこが新規参入する者にとって求められる最大の戦術になりますが、それらを一般論で書くことはできません。

もしも平凡な表現で書くとすると、過去に前例のないやり方で特別枠を認めさせる手段を考える、ということになります。日本には既得権益が横行しています。そこに入らないといけない場合には左記の手段がベストでしょう。そうでなく独自の新しい分野でパイオニアになるのであれば既得権益を気にしないで進めたらよいと思います。

一般的には会社を設立して事業を始めるというケースが多いように思いますので、会社設立について少し触れます。

株式会社設立って難しい？　いえいえ、簡単です。

専門家に依頼するのも一つの方法ですし、また自分であれこれ勉強しながら行うのもいろいろと知識がついて役立つことが多いです。準備期間も入れて一か月くらいみれば設立できます。資本金も自由に決められます。

以下の項目にそれぞれ自分の計画に合わせた数字や規模を決めていきます。巻末の会社設立登記申請書を参考になさってください。

●代表者の住所氏名生年月日・印鑑証明書取得する
●発起人の住所氏名生年月日・印鑑証明書取得する
●発起人名義の預金通帳に振り込まれる出資金準備する
●本店所在地決める
●設立時資本金／発行可能株式総数／一株の値段を決める
●目的（何をする会社かを箇条書きに）を書き出す
●役員（取締役・監査役）の人数、任期を決める
●事業年度（例：一月〜一二月）などを決める　など。

こうした準備を始めるとわくわくしてきますが、何より大事なことは、こういう具体的な活動が自分のライフプランの今どこに位置づけられるのかをいつも確認できるようにしておくことだろうと思います。

その指標は五年先にあります。あなたが準備した五年先の夢と計画です。三〇年先を見続けることはしんどいことですが、五年先ならしっかり見据えることができます。

そして自身の思考の変化や時代のニーズの変化などをいつも嗅覚鋭く感知していると、いろいろ変更や修正を余儀なくされますが、それは当然のことで、それに対応する能力も求められます。

今の仕事をしっかりこなしながら、アフター5においては自分を中心に、夢の実現に向けてしっかり足場を固めるという作業の日々を楽しむようにしてください。

副業が許容されやすい時代になったとはいえ、会社によっては規制が厳しいままのところもあります。ケースバイケースで判断しますが、僕は会社にいつも定期的に報告をしながら進めてきた経緯があります。それは参考にならないかもしれませんが、場合によっては会社を巻き込む作戦も必要になることがあります。

その内容については拙著『アフター5の達人』で詳しく記しました。

一〇代での選択で一生を左右されない

あなたは高校・大学時代に将来のことをどのように考え描いていたでしょうか？　まだガキの頃でそんなこと考えてないと、っていうのが本音ですよね。そういう時代だったと思います。

さて今の若い学生達はどうかというと、僕の教職の経験からは、二分されているように感じました。つまり漠然と就職して独立することに目いっぱいというグループと、結構具体的に将来の夢を見据えてそのためにここに就職したいというグループです。

上位大学になると、以前と変わらず人気上位の会社への就職に情熱を燃やすメンバー、資格取得に頑張るメンバー、公務員希望（これはさすがに以前ほどの人気は失せたようだけれど）と分類されることも多いと聞きます。

これらの希望も実際に社会に出てみると、予想とは違う壁にぶつかり、その後いろいろと悩むことも多いと思います。実力不足・能力不足を感じたり、差別感を味わったり、同僚先輩のレベルに落胆したり、社風に不快感を感じたりすることも多いでしょう。

そういう時に、自分の選択に間違いがあったとかなかったとか、またどういう風に軌道修正していくか、と思い悩むことになる。しかし考えてもみてほしいのですが、一〇代で自分で決めたことなど、土台も脆弱な中で決めたことなど、壁にブチ当たるのがあたりまえであると。

そういう時にパワーをもたらすのが、五年先の目標設定なのです。二二歳で二七歳の時を想像することはできるでしょう。二七歳で自分は何をしていたいか？　です。一八歳なら二三歳の時に何をしたいかです。中学生が大学を決めるようなもの。近未来のゴールであり、確実に見える場所にある自分の姿です。三五歳であれば四〇歳の自分です。

今よりも少し高めに置いてあげたらいいのです。しかし一〇代で決めたことにいつまでもこだわる必要はありません。世の中のトレンドに押され、似たような境遇にある同級生との会話は、ある幅の中でしか交わされていないことが多い。

大学のクラスメートの行く末って皆よくわかっていますね。読めるからです。あ〜あそこに行って、こうしてああして、ああ今ここね、の世界です。

ところが高校の同級生はどうでしょう。中学の同級生は？　ましてや小学校の同級生は？　下に行けばいくほど読めなくなっています。当然です。クラスの中の人間の幅がでかいのです。玉石混交、いろんな奴がいるのです。だから面白いのです。

大学のクラス会がつまらないのはこういうことです。全て想定の範囲内なのです。しかし小中学校の仲間は、公立だったこともあり、社長からチンピラまで実にさまざまです。実際クラス会の招待状を刑務所宛に出したこともありました。だからこういう仲間との交流を続けていると刺激をたくさんもらえます。

今からでも遅くないので、小中学校のクラス会や仲間会を結成して幹事役でも引き受けて、想像を絶するヒントやアイデアを交換したら実に楽しいことになります。保守派の集まりはそこそこ快適ですが、ぬるま湯ほど飽きるものはありません。

こうして少しだけ一〇代を振り返ると、その頃の決断など大した根拠が無いことに気づきます。だから今三〇代になってから自分の将来を徐々に軌道修正するなど当たり前のことだと思うのです。

僕にとっての五年先はいつも実現可能性が高い夢の置き場でした。そこに向かう過程での自分へのミッションは何かを考えられるのは、少々つらい時もありますが、間違いなく人生の指針になっていました。

その先は未知でしたが、だんだん読めるようになりました。三〇代はそんな自分に大きなミッションを自ら与えられるほどにどん欲になっていました。


僕は三〇代で起業しましたが、では二〇代の前半はどうだったかと言うと、ただ一つ、ロンドン留学を目標に掲げました。そしてこの頃には目標設定が日常の一部になっていて、そのための部屋の配備や通信教育やらどんどん自分らしさをとりいれて、形から入ることを是として活動していました。

狭い社宅や住宅だったので、週末の何時からは此処の喫茶店で書く、とか決めていました。

そんなこと自分で考えて行動していたの？　と聞かれますが、いえいえ、全て渡部昇一さんの本から頂いたヒントでした。忠実に再現することに至福の時間を感じました。

一〇代は多感でしたが、雑な目標の後の後押しを二三歳で出会ったたった一冊の本がしてくれて、そこから得た行動力はその後も自分のパワーの源になっています。

本との出会いを「な〜んだ」などと軽んじてはいけないと思います。渡部先生は二〇一七年（平成二九年）四月一七日に永眠されましたが、今もずっと頭の中で刺激をくださっています。

もしあの時に留学していなかったらその後は今とは大きく変わっていただろうということは容易に想像できます。『知的生活の方法』は僕の人生のエネルギーでした。この本との出会いが三〇代の大きな決断のパワーの源でしたし、今も変わらず元気をくださいます。

こういう本に出会うことは本当に素敵なことだと思います。

自己の能力の覚醒とパワーアップのためにすべきこと

大きく分けて三つのパワーの源があります。大学院、本、出会いです。

① 大学院

この本を書きながら、あるロールモデルを想定して三五歳のあなたを考えています。それは学部卒業後に企業に就職したあなたです。

今、日本の大学は文科省も含めてその在り方が大きく議論されています。ある企業の統計では平成二九年度の日本の大学数は七六四大学二、三〇七学部五、一四六学科で、国立大八二大学、公立大八七大学、私立大五八八大学、文部科学省所管外の大学校で学士の学位がとれるものが七大学校となり、私立大が七七%と八割近くを占めた、とあります。

大学のあり方については二章でも触れますが、今の大学はこの一〇年内で大きく軌道修正をしなくてはいけなくなる時代がすでに来ています。かくあるべきなどと言える見識はありませんが、特に文系の学部改革は早急に進められるでしょう。

教養中心の学部改革、専門知識の大学院への移行、語学教育の改革、実務教育（ポリテクニーク型学部教育）の導入。それらは高校の教育と連携され、専門知識は実に多様化して、大学院教育が一層充実して行くことが見込めます。

その過程で、就職後、ライフモデルとして僕は四八歳から全員大学院での学習を推奨するような私案を提案していますが、少なくとも三〇代では新規に大学での勉強を求める気力は十分にあると思います。具体例などを揚げながら四章でゆっくり語りたいと思います。

どうですか、大学院に通いませんか？　仕事を辞めないでどんどん知識欲を満たし、そでの新たな出会いを通じて次のジャンプアップの踏み台にしませんか。

国内海外の大学群を俯瞰して、通信でもいいし海外大学の日本校でもいいし、夜間でも、昼間抜け出して土曜日で補って通うのもいいし、なんとかなるでしょう。どうでしょう？

②　書物

電子書籍は役立つ場面があるならぜひ活用したらいいと思いますが、自身の傍でいつでも自由に手に取ってチェックしたり、あるいは付箋を使い、後日注意喚起させるような使い方はできませんね。これが致命的な欠陥です。

本は手元に置きましょう。さてその本ですが、二〇代から何冊の本に触れましたか？　また今自分が計画しているライフプランにとって必要な本は手配できていますか？　そしてこれからの仕事やキャリアアップについて考える時に、自分で本を書いてみてもいいのではないですか？　社会人としてすでに一〇年以上の経験があるあなたは、今から既存の確立された勢力に書籍で立ち向かおうなんて思うことは必要ありません。

本は自分の意志の赴くままに自由に傍に置き、自由に書き、表現者としての、或いは問題提起者として活動のツールにされたらいいのではないかと思います。

そこから生まれるものは計り知れないほどの広がりがあります。特に提案型の（これはいずれ自身のビジネス開拓に深くかかわってきますし、新たな中身の濃い出会いに繋がります）ものはその時代への自分の疑問の投げかけであり、新規事業の柱になることもあれば、新たなチームづくりにも役立ちます。

ＳＮＳで発していたものであっても、いずれまとめて書籍にするというのは価値があります。ライフサイクルを考えるとネットの上ではその露出が一瞬で終わることもあります。ハードコピーは価値が継続します。

③ 出会い

二二歳から三五歳までの一三年で数多くの出会いがあったと思います。その出会いを時々棚卸していますか？　もらった名刺は何とかという名刺管理ソフトを利用してしまいこんでいませんか？　活用できていますか？

活用とは、活かして用いる、という意味です。人生の出会いなので。仕事の上で名刺交換したかもしれませんが、ソフトを利用した管理手法は、仕事上後付けの意味で便利だったという言い訳には使えますが、自分自身にとって本当に役立っていますか？

120名分の私の名刺入れ。いただいた名刺を最大限に活用しよう

僕はいまだに名刺入れを利用しています。持ち運ぶことはしなくなりましたが、名刺を定期的に俯瞰することは大事なことです。

すぐに、この方にあの情報を流さないといけない、とひらめくのは名刺のデザインや色なのです。一二〇名分の名刺入れ三冊を机上に常備しています。全部さっと観るのに五分かかりません。

さらに出会いを次のステップに高めるために何をしていますか？　第一ステップは仕事での出会いであれば仕事を通じて交流しますし、パーティーでの出会いであればいきなりプライベートなお付き合いです。

仕事仲間も相手のオーラを感じたら次のステップに引き上げます。とにかく重要な価値あるネットワークを自分なりのやり方で作るのです。数ではありません、大事なのは質と交流です。

その中から、新規にやりたいことのために力を合わせる仲間ができてきます。出会いは重要ではありません。重要なのはその後です。

国境がなくなる時代、世界は広がる

仕事のやり方もこれからの時代、大きくそして緩やかにあなたの背中を押してくれるかもしれません。とにかく国境がないＩＴ時代では隣国や欧米とのやり取りが格段に以前とは変化しています。

例えば留学を取り上げても様々な形態があります。キャリアの変更のために留学は大きな力を持っています。いまだに英語力が問われますが、それは当然のことです。

最近、秋田県の国際教養大学が話題に上ります。僕はすごい大学だと思います。学生の多様性、留学必須、講義は基本全て英語で行われるなど、これまでにないユニークなカリキュラムであること、そして教員の五割以上が外国人で終身雇用制を採用せず、任期制（三年間、学長のみ四年間）を採っている等、ユニークな運営をしていることで知られている大学です。伝統的なカリキュラムに一石を投じたことは確かなのです。

これは一つの例ですが、これから自分がやりたいことと、今自分が必要とするスキルをどうやって身につけるかは時代を超えたテーマとなっています。

僕自身は一九八〇年代にＥＵ法（当時ＥＣ法）を英語で学ぶためにロンドンに留学をさせていただいたのですが、みなさんが自分にとって何を学びどう生かすかを書き出して、決めてください。

情報は溢れるほどあるので、しっかり自分がやりたいことと整合性を合わせて決めればよいことです。

海外の大学の日本校もできています。ただ企業留学の場合には、支援してくれた企業との将来の関係をはっきりと決めてから、契約意識を持って進めてください。

さらに日本の大学の中にも、企業人が夜間と週末を利用して修士を取得する大学も増えています。

これらは、あなたがこの先五年後一〇年後を見据えて、今何をどこで学ぶかを決めればよいことです。この本の中でもいくつかの学校を紹介します。

国境がなくなったと感じたのは僕自身がイスラエル政府の投資誘致の仕事、沖縄県の美《ちゅ》ら島大使の仕事、アメリカのＩＴ企業の役員としての仕事の三つを同時に進めていた時のことでした。ある時、この三か所を地球儀で眺めていたのですが、ほぼ八時間の時差で繋げて俯瞰してみたのです。

そうしたら、これら縁のある三地域にそれぞれ同一会社の研究所を設置した時には、当日の成果を終業時の夕方五時に次の地域に送付すると二四時間の連続研究が可能になるな、ということでした。

国境がなくなるというのはこういう視点からでも確認できるな、というものでした。それらの三地域にそれぞれカリフォルニア大学デイビス校、沖縄科学技術大学院大学、ベングリオン大学などを重ね合わせてみると、大学に留学して、こうして国際的に活動を進めることがいとも自然なことに思えてきました。

概念で商社のビジネスモデルは理解できていましたが、自身が関わる仕事のネットワークの中で、かくも世界がすーっと繋がるということは驚きでした。自分の中で、国境が消えた日でした。

言い方を変えると、あなたがやりたいことを書き出して、その中で海外との繋がりや留学と言うキーワードを書きこむ個所がもしあれば、是非その実現に向けて思考を巡らせてください。

僕の先の三地域との関わりですが、自分で計画的・意図的に作りました。全て海外留学後に自分で作りました。このことは他の著書でも書いていないのでここで整理の意味を込めて次に記します。詳細は後の章で分散して記します。

●イスラエルとの出会い

英国留学がきっかけでユダヤ人が弁護士に多いことに気づき興味を抱きました。その後、帰国後ですがイスラエルに関する記事を多くの新聞雑誌に寄稿したことがご縁でイスラエル国より講演会の依頼があり、また在日イスラエル大使館と共同して広報活動に注力しました。今も交流があり、定期的に情報交換、ミーティングを実施しています。

●沖縄との出会い

最初は取材で雑誌社に自分を売り込み、記事を書くということで沖縄を訪問しました。キーパーソンに面談し、その後、紹介の連続で関係が深まり、沖縄政府と共に沖縄への投資誘致セミナーを企画し、その後、琉球大学法科大学院で教鞭をとり、沖縄大使に任命され現在に至ります。

出会った方々と「次の一手」をいつも議論していました。何ができるか、何をすべきかをいつも考えることが大事かと思います。

●アメリカ西海岸との出会い

弁護士業務の一環としてライセンシングの仕事に注力した時代に、シリコンバレーの企業からたくさんお仕事をいただきました。

それがご縁で、関係者とのコラボの結果、会社を辞めた方が次の会社に移られた時にまたお仕事を発注していただけるようになりました。

若い産業だけに決断も早く、また日本国内では業界は広いようで狭く、ネットワークの重要性を感じます。反面悪いうわさも一晩で拡販します。

自分と違うキャリアを積んだ分野のメンバーとのコラボも

人との出会いは皆さんの活動範囲や気づきの感度でいかようにも変化します。鈍感であれば過ぎ去っていくし、敏感に配慮すれば、今そこの隣に座っている人があなたと新しい第一歩を踏み出すパートナーかもしれません。

自分のキャリアをじっくり形成する過程で、最大のネックは既成概念です。次章で述べる日野公三さんの教育活動から垣間見れる日本の将来の姿は、経緯を知らないと、無視して通り過ぎるか、気付きもなく無縁で終わることになるのです。

ＡＩというキーワードがあります。本来僕らの生活を豊かにしてくれるはずで、ＡＩへの投資は結果昇給と時短という二つの幸せをもたらしてくれるはずです。ところが今はＡＩと競争するありさまです。ＡＩを高価な資金投入で導入しても他社との競争に勝つために次の作戦を立てて現状のスタッフが汗水流して頑張るのです。

自分で考えるライフスタイルには当然収入増も大きなファクターであろうし、また安定的な収入確保も重要なテーマとなります。

しかし時代の変化は自分たちが思っている以上に早く深く起こっているように感じます。そういう時代に、企業の傘の下で何かに守られながら安心のよりどころを探しているだけでは次への一歩が踏み出せません。

そこで大事なことは、なるべく自分と違うキャリアを積んできた人たちとの上下関係利害関係のないネットワークの構築となるのではないでしょうか。

僕が起業した三〇年前とは明らかに環境が違いすぎます。しかし基本的な態度や視座は変わっていないと確信しています。

外部のメンバーの力を借りることはいつの時代の起業家も経験していることです。情報量が多い分、各分野の専門家との交流はとても価値あるものとなります。

文系理系で分けていた大学の学部も、完全に陳腐化しました。そんな分類でしか提供できない教育システムは近い未来にダイナミックな改革を迫られることになるのでしょう。

ＡＩの進出で士業の多くが取って代わられるであろうといったアンケート結果も新聞を賑わしました。時代は変化の真っただ中と言えるかもしれません。

二章

今の仕事のままでいいのですか

一般論や統計にまどわされることはない

人生設計を考える時に大切なことは、世の中の同世代の人間は何を考えているのだろうかという一般論・統計を見過ぎて自分自身の進むべき道を迷わないことだと思います。

統計と言うのは一般論として何か提案する時には有力な役割を果たすこともあります。しかし、自分自身のこれからの人生設計を考え、こう生きたい、こういうことをしていたい、こういうライフスタイルを築きたい、自分だけの自分らしい人生を送りたい、と言うことを考える時に最も避けなくてはいけないことは、一般論や統計やアンケート調査結果を見ることです。

それはマーケティング戦略にとっては重要なデータかもしれないけれど、自分らしいライフプランを考える時には全くと言っていいほど無意味な材料です。

そういう本を読む時間があれば、あなたが好きな先輩やいろいろと実践している人がいて、そこからいろいろ学びたいと思う方に足を運んで会って、話を聴く方に時間を費やす方がはるかに有益と言えると思います。

僕のところにもいろいろと相談にみえる方がいらっしゃいます。そして相談や本だけを熟読して一歩先に進めない人がいます。それで満足してしまうことが一番マイナスです。

この本を通してお伝えしたいことは、自分が理想とするライフスタイルを現実のものとしていくためのノウハウです。

それは誰もしたことが無い、あなたの一度きりの人生を充実させることに他なりません。統計的書物ではおそらく通常定年を前提にして、時間が無い、さて何をするのか、という前提で、なぜ働くのか？　働く意味や生きがいは何か？　六五歳までに何をしたいか？何ができるのか？　家族や家庭は？　老後資金はいくら必要か？　などといったライフプランナーが今ある枠組みの中でこうしたらいいんじゃないか、といった限定的な条件の中での、限定的な選択肢の中でこうしたら、ああしたら、という助言を出すだけの話のネタにすぎません。保険のセールスと変わりません。

それでは自分だけのライフプランとはあまり関係がありませんよね。

ここでは、まず前提として七五歳までは普通に元気に仕事して動き回ろうではないかということを掲げ、七五歳定年をまず自分に課すところからスタートしています。

いや、そこまでは働きたくないと言う人がいたら、それはどうぞご自由に。でも僕はこれからの人生一〇〇年時代においては、もっとやりたいことをするライフスタイルの方がはるかに楽しい、ということを前提に、いろいろな面白い計画を提案しています。

三五歳は人生の曲がり角などではありません。統計に迷わされないこともライフプランを実施する際には重要になります。

自分のやりたいことを検討する時に、他の同年代の人間がどう考えているかということに関する統計は何の役にも立ちません。

働く意味はとか生きがいは、等と自問自答する時間があったら、自分がわくわくするようなこれからの四〇年をゆっくり考えて書き出してください。

さらにあなたに与えられる選択肢は何があるかなんて、誰もわかるわけがありません。

一般論は無視してください。

全てあなたが最初の一歩を踏み出すという感覚で間違いはありません。

尊敬する方の道程を自分にも当てはめて進んでいきたいと言う人がいたとしても、その道程は時代、予算、運、出会い、脳内エネルギー、親族、友人、これまでの恩師など全てが異なる環境で同じものができるわけはないのです。

迷うなら、不安になるなら、なんとかなると割り切ってみる

統計というものが自分のライフプランにはあまり関係がないということを述べました。

さて次に、さらに原点に帰った疑問を抱いた時にはどうすればいいでしょうか？

例えば、なぜ働くのか？　働き甲斐ってなんだろうか？　という迷った時にさらに自分自身を不安な気持ちに追い込む問題があります。

なぜ働くか、と悩んだことが無いのですが、僕は親から一日も早く離れて、自分で稼いで自分の好きな道を進むために大学までは親にお世話になりましたが、卒業後すぐに親元

を離れました。

その時に感じたことが「自由だ」ということでした。

周囲には大学院に親の援助で行ったり留学も就職前にするメンバーもいましたが、僕にはそういう欲求は全く起きませんでした。それよりも自由になることで、これからは自分の人生は自分で全てデザインして進めるという喜びに溢れていました。

だから会社で留学させてくれるところを中心に会社訪問して就職先を決めました。これは予算というものが必要になるのでどうしても必要な条件でした。

その会社の空気など読んだことはありませんでした。あくまで自分が自由に動くためには何をどうしたらいいか？　それだけをよく考えて、自分の行く先を書き出し始めました。


ちょうど三三歳を過ぎたころでした。働く理由とか働き甲斐を考える暇などありませんでした。やりたいことの延長線上には必ず家族に不安を与えないだけの収入が絶対に確保されること、というのがありましたから、二五日に給与や手当が入らないライフプランは浮かびもしませんでした。

そして以下の五項目をいつも心のどこかに抱いていたので、それらが僕を引っ張ってくれていました。

1　誰とも競わない勉強法で勉強する
2　オンリーワンを目指す
3　提案する時にはいつも第一号となる
4　コピーしたレールを歩くことはしない
5　ユニークであることに徹する

これらが、自分が何かを提案したときに、誰かと比較されないための最重要な五項目であると信じていました。

隠れて何かを始めるなら、会社を辞めなさい。そして勝手に進めたらいい。成功も失敗も全て自分のものになるのですから。

僕は三五歳の時にはまだまだ会社に所属して、会社の中でユニークな立ち位置を構築して、四〇過ぎてからの自分が思うライフプランに近付けられるようにすることを考えていました。

さらにもっと先を考えていましたが、それらはまだ絵のままでした。しかし五年間だけはしっかり先を見据えて明日すべき行動内容ははっきりと決めていました。

会社を活用して、その中で自分の夢に一歩近づく行動を取り、周囲を説得しながら同時に会社のメリットも強調して新規事業などを提案するというのは、僕はサラリーマンにとっては冒険というレベルには達してなく、非常に保守的に会社と自分を少しだけ変革するんだという目標の中に位置づけられる行為であったと思います。

それでも世間は注目してくれました。綿密な計画と会社上層部を説得するという行為が社会的に新しかったせいか、『アフター5の達人』という著書は売れ、さらにテレビでドラマ化もされました。


大げさなことは何もありませんでした。迷うなら、不安になるのなら、昨今の失業率でも眺めて、なんとかなるわな〜とでも割り切ったらいかがですか?

迷う心も不安になる心も、全て失敗したらという不安な前提ばかりを考えるからです。三五歳というのはいろいろ考える年頃なのだ、不安になるのだ、という雰囲気も文献で検索もしました。

しかしそれらは本当に無意味な統計であることに気づくまでそう時間はかかりませんで

した。

レアなことであっても、一歩を踏み出して自分らしく仲間たちと笑って過ごせるライフスタイル、ワークスタイルを実現するために踏み出そうとするなら、そのプランニングの段階でも実践開始した以降であっても笑顔しかそこにはありません。

四〇年もまだ自由にできるのだから、という大きなメッセージを伝えたいので、この本では僕が日ごろ考えている七五歳定年説を時々出しているのです。

今の安定を維持したければ、もっと快適にするためになすべきこと

以上のような時代の変化をさっと俯瞰してもみても、現実にはそう変わらない自分の足元を見つめることがあるでしょう。新聞も雑誌もキャリアアップや新しい時代のライフプランといったことを提唱しますが、現実に自分に引き戻してみると、そうすぐには簡単に答えが出るわけではないという人の方が多いと思います。悩みながら実行できないという

現実の方がマジョリティーを占めることも理解できます。

僕の同期のメンバーを見ても、結果的に一企業で今年六五歳を迎えたメンバーがどのくらいいたかというと、自分でも驚いたのですが、八五パーセントの同期が一企業を貫いたのです。おそらく他の企業でも、業種によってはこれに近い企業はたくさんあるだろうと思います。


一方で五〇%以上が辞めた企業もあります。主に証券などがその業種になりますが、そこは別の理由で当初から辞めることを前提に多数の学生を採用するという方針を出しているのです。

また九〇年代の就職氷河期には希望通りの会社に就職できなかったので、現在、景気に後押しされて転職活動を進める三〇代も増えています。

両極端な例を挙げましたが、現状を見つめ、悩む人、実行するには躊躇する人が多いこともよく理解できます。

ただ、考えてみてください。製造業のように生涯一企業という風潮が強い企業にいても、また、辞めることが社内風土として何の違和感もなく受け入れられている環境がある人も、それらは自分で選んだ時に熟知していたわけではなく、結果として社会的な評価に対して異論を唱える必要も感じないで、その流れに乗ってきたということです。

だから、悩むことや躊躇することは当たり前のことなのです。

その前提で、自分の置かれている今の環境を冷静に客観的に少し整理してみませんか。言いかえれば、悩むこと、躊躇することが過半数を占めているのですから、悩むことは当然のことなのです。

その上で今の安定を維持したければ、その環境をもっと快適にするために自分が何をすべきか？　という視点から、この本の中で書いたさまざまな提案をチェックしてみてください。

僕は、会社の中で、新規の事業を提案したり、また子会社化するような事業の提案も、それらがライフスタイルの改革に物凄く密接に繋がっていることをこの中で書き出しています。

現実的に僕の場合も、最初は何か新しいことがしたい、というそれだけの気持ちで、また会社が置かれた環境もあって、新規事業を考えました。

子会社化であれば給料も待遇にも変化はないけれど、同時に上を見ながら飛躍できるかもしれないという夢が描けました。

これはどうでしょうか？　そんなにリスクはないですよね。しっかりと人事部や新規事業を検討するような部署に根回ししながら進めれば敵をつくることもなく、また企業の側もいつも考えなくてはいけないことではないかと思います。

僕のいた会社の中にも経営企画部と言うのがあり、次世代の事業部構想を検討する部署がありました。

留学してＭＢＡをとったメンバーやエリートカラーの強いメンバーが多かったことを記憶しています。

あなたの会社の組織図を机に出してみてください。こういう計画を練っている部署があるでしょう。今はどこの企業も旧来のビジネスモデルでは生き残れないことを知っています。

新しい会社になればなるほどそうだし、また古い会社などもこれからの一〇〇年を見据えて検討しているはずです。

某社の例ですが、この数年で百億円の利益を出しましたが、まあ何もしなければ内部留保でおわるでしょう。

しかし、社長や幹部はこういう結論を出しました。この百億円はフリーズする、そして新規事業部を立ち上げて、外部社内からメンバーを募り、一〇名ほどの規模でこの資金を使って全く新しい事業を提案してもらう、そこで百億円から増えた分については全て社員に還元するということを発表したのです。

その会社は今現在、猛烈な勢いで、自分たちの既存の事業を全く考慮しない新規事業を求めて東奔西走しながら、具体化案を練っています。

どうですか？　こういうことはどこの企業も求めていることではないですか？　またやらないと会社の未来はないですよね。

そうなんです、変革のための汗は全企業に求められているのです。

今年三月に発表されたトイザラスの倒産は驚きでした。一九九〇年前後に猛烈な勢いで日本市場の開放と大型店舗の規制法を破棄するように働きかけ、あっという間に日本市場に入り込んだ企業がたった三〇年で閉鎖です。

そして原稿を書いている今、報道で創業者が亡くなったことを知りました。時代の最先端を走っていてもこうなのです。アマゾンや同業の会社のスピード感を見ると、今悩んでいるあなたの決断力が小さく見えませんか？

内部改革に汗を流すも外に出るのも、時代はそうは待っていてはくれません。社内改革程度の気持ちでも構いません。

時代をじっくり見通し、今何をすべきか一緒に考えましょう。どうですか？　少し気が楽になりませんか？　みな変わっていくのです。

あなたのやりたいことを会社が認めてくれるか

今の時代、学部を卒業してそのまま定年を迎えるライフモデルでは満足できない時代に入っていることは明白です。

しかし、さて自分がいざ何かにチャンレンジしようという時に、参考にしたいモデルや、或いはこれからの時代の先駆けのような、そんな自分を想像することができれば、いろいろな意味で価値や付加価値が産まれ、また後輩に対しても素敵なモデルになると思います。

そういうレベルではなくても、これからの人生の中でさらに四〇年を現役で生きて行くことを考えると、まず浮かぶのは学ぶ時間は十分に取れるということ。

まずほとんどのビジネスマンは、自分の大学での勉強と今の仕事については強い関係を意識していないと思います。大学は既に過去のことで、今の仕事に役立つ知識は新たに開拓しなくてはいけません。

仕事に絡む知識は社内勉強会を活用したり、さらに会社の人事の支援で社会人の勉強のためのコースを修了したりすることがあります。

これらは業務効率化強化の一環で会社が必要性を明示して社員がフォローするものです。

しかし同時に社員が新しい知識を吸収する意欲に芽生えた時に、それが結果的に独立ということになろうと、また会社のダイバーシティーの一環を担う重要なポジションへの移転をもたらすものであるかは、タイミングに大きく左右されるでしょう。

会社も変革しなくては生きていけない時代です。

時代の変化　↓　会社を変えるか？　合意形成へ　新規事業部か新会社か
　　　　　　↓　自分で起業して新たな道を進むか？　退職後独立へ

僕の場合には、三〇代の時に会社の中に自身が提案した新規事業を設置させてもらいました。子会社です。そこの社長として出向させていただきました。

ラッキーだったというより、時代の要請で、当時は大学生たちへのアピールがしにくい業界でしたので、こういう社内提案での事業化を会社は喜んで受け入れてくれました。

今の時代にそういう提案が通る素地があるかどうかは、もちろん会社ごとに置かれている状況が異なるので一般論ではここに書けません。各自で見極めてください。

つまりあなたがしたいことに対して会社が喜んでインフラを提供してくれるものなのか、それとも会社を卒業させてもらって自身で始めるものなのか、それは各人の置かれた環境によっていろいろなシナリオがあると思います。皆さんはどちらを選ぶのでしょうか？　ゆっくり考えてみてください。

是非相談にも乗りますので声をかけてください。

社員が会社の中で新規事業を提案すると言うのはよくあることです。

パターンとしては

①会社を辞めて自分で起業するケース

自由に進められる半面失敗した時のリスクは残る。あなたの覚悟次第と言うことになる。次に向けての自由な羽ばたきが最大のメリットであろう。

②会社は一度退職するが、会社との関係を何らかの形で維持しつつ（例　コンサルタント契約に切り替え継続して会社の業務を社外でこなすというシナリオ）新規授業を始めるケース

最小リスクの半独立型実現となる。

③会社を休職して、新規事業をテスト的に開始する了解を取り付け、期間限定で条件を交渉したうえで、立ち上げるケース

この場合には会社が興味を示した時のことを考慮して、自己と会社の立場をしっかり仕分けしておき、出資割合、地位や職位等の割り振り、社員の出向要請など取りきめることがたくさんある。

これ以外にもパターンはあると思いますが、おおむねこの三パターンに分類できるように思います。ただ提案するのが三〇代半ばということで、会社も中堅社員の取り扱いについては時代の流れや経済環境などを考慮して、どう対応するか見極めなくてはいけないところが一番難しいことである。

だが、ここで日ごろの情報の共有と人事・役員との意思の交流が大きくものを言うことになります。

結果がどうなろうと、愛されてなんぼであることは時代の変化に影響されることなく生きている哲学なのであろうと思います。

「今のままでは…」と悩む人は変革を進めてください

こうした一部の動きだけからも感じることができる時代の変化の中で、三五歳からのライフプランを練るにあたっては、これがベストというようなものはなく、やはり今も三五年前も自分がわくわくでき、それを収入として裏付けのあるものというものであれば、後は自分で選択するしかない。

言い方を変えれば大上段に構える必要はなく、自分が燃えることができる夢に向かって自分で舵取りをしていくことだろう。また幸福なことにそういう動きを良しとする世間の風潮もようやく出来上がってきているということである。

リーダーである必要はない。そこで原点に帰って自分に問いかけてみましょう。

「今の仕事でいいのか？」

「今の仕事でいいのか？」に対して「いやあ～」と悩む人は変革を進めてください。悩みの原因についてまず分析します。会社と合わない、とか不満が一杯という気持ちであれば、どこに行っても似たような症状が出る可能性が高い気がします。

そうではなく、会社よりも自分が先に走っていて、誰もまだしたことが無いような新しいことを仕掛けたいという気持ちがあれば、会社との交渉を優先するか、退職して実践するかの選択になります。

選択にあたっては一人で悩んではいけません。これまで社会人になってから構築したネットワークに加え、小中高大での仲間たちと話し合い意見をもらうことも重要ですが、それでも自分が傾聴に値する仲間と言うものを日ごろから整理して連絡取り合うことが大事です。

三五年も生きているのですから、自分にとって有益な意見を出してくれる仲間との付き合いはなくてはいけません。師と仰ぐ人たちとの交流も大切です。

次章で詳しくノウハウを伝授しますが、情緒的である人でもネットワークに関してはしっかり計算して書き出す努力を惜しんではいけません。

すれ違う人が貴重な意見をくださることもあります。誰でもいいわけではありません。見極める力が絶対に必要となります。

時代の変化は人の価値も変化させます。気づきの能力はどうしたら磨けるでしょうか？時代の変化に気づき、自分の特性に気づき、次の一歩を間違わないためにすべきことは何でしょうか？　この本の答えの凝縮のようですが、以下のようです。

① 金銭に対して計画的であること

② 精神の落ち着きがえられる空間で生活すること

③信頼できる家族仲間たちと生きること
④健全な身体を維持するために良き医者と懇意にすること
⑤ストレスない運動のために一日四〇〇〇歩程度歩くこと
⑥すべて「適当に」おこなうこと
⑦ベストの助言などない、ベターなものを受け入れる
⑧人の成功話はその人にだけ起こったものであることと了解すること
⑨二四時間の配分をわがままに贅沢に計画すること。究極の自己満足でよい
⑩腸と脳に感謝の言葉を毎日かけること

判断できない場合にはそのままで一年間経過観察する

僕は五年という期間にとても重きを置いて書いています。これまでの五年、これからの五年をはっきりと見極め、感覚的に手の中にある手帳を俯瞰して、想像が行きわたる期間

なので、それをこの本の中でも一つの単位として用いています。

それでも、転職への夢を書きだしても、それを実行するほどの強い意思はまだない、或いは会社は辞めたいけれど、この程度であればまだ我慢できる、その方が安全だから、と悩む。

しかし自分の中で明確にここまでされたら辞めるとか、ここを超えたら転職するという明確な線引きをすることは難しいですよね。

感情を方眼紙に書き出すことは容易ではない。そういう立場で、自分のライフプランを実践することは容易ではないだろうと思います。そんな時に少し広く周囲を見渡してもらいたいのです。

結論的にはやりたいという欲望が勝った時に実行すればよいのです。気楽に考えることも大事です。変化を求めることだけが人生ではないからです。気楽に考えたらよいのです。その結果、自分が欲した大きな変化は四〇歳までに実現しなくてもそれはそれでよいのです。まだまだ先は長いのです。

しかし、ここで大事なことを忘れてほしくないのです。それは、「たとえ今のままであっても本当に幸せである」という気持ちが必ず心の中にあることを確信するということです。

なぜなら、僕はたくさんの精神的に病んだ人たちを知っているからです。あなたが、決断できない状況はじっくり考えて結論を出せばいいと言えますが、我慢しているような状況が長く続くと精神的に病むことがあります。

そして精神的な病の恐ろしさは、新聞報道を見るまでもなく、最悪の状況を引き起こすことも少なくありません。それだけは絶対に避けてほしいのです。

社会的にもマイナスの評価が先行してしまいます。今の自分を追い詰めているものがあれば、それはすぐに会社の人事部などと相談して、早めに治療することが大切です。そこまではなくとも、キャリアについて悩むことがあれば、あなたがメンターとして信頼できる人に相談に乗ってもらい、背中を押してもらえるように日ごろから大事にその関係を維持してください。

メンターとは仕事上（または人生）の指導者・助言者で、最近は企業において、新入社員などの精神的なサポートをするために、専任者をもうけるなどしてメンター制度を導入しています。

日本におけるOJT制度が元になっているようで、キャリア形成をはじめ生活上のさまざまな悩み相談を受けながら、育成にあたっています。

ギリシャ神話で、オデュッセウスがトロイア戦争に出陣するとき、自分の子供テレマコスを託したすぐれた指導者の名前メントール（Mentōr）から来ているようです。こういう人と出会うことも社会人としては大切なことですよね。

僕も入社してから、こういう相談に乗ってくれる方が社内にも社外にもいてくれました。そういう方々の助言で、三〇代で飛び出すことなく、慎重に社内提案などというステップを踏んで新規事業を提案させていただきました。

もちろん反対者も社内には数名いたようですが、特に耳に入ることもなく進めることができたことは、このメンターの方々が陽に陰に応援してくださったからだと思っています。

そういうメンターがいなければ、辞表を出して、その後はどうなったか、今となっては想像もつきません。

こうして観てくると、今社内で悶々としながら決断できない状況にいる時には、自分が考える計画を書きだしてみることが良いと言えます。それに自分が置かれている状況も書き出し、メンターに相談しながら、じっくり自分の考えを整理する時間を持てばよいのです。

そしてさらに重要なことは、即断できない場合にはその計画をしっかりと書き出し頭に入れたうえで、一年経過観察することです。

一年経過して会社を辞める選択肢がますます強くなった場合には、その計画に足を踏み出す時が近付いて来ている証拠だと思いますし、また新規事業の提案など悩んでいるうちに他社に取られてしまわないかなど付加的要素を更に書き込み、社内のメンターや上司を相談して、すぐに進める方に傾くこともあるでしょう。

遅くなってもその一年は決して無駄になるものではありません。それがあなたに与えられた運命だったからです。

悶々としたまま踏み出すと、全て失敗の原因はそこにあると自分で言いわけしてしまいます。どうぞゆっくり考えたらいいのです。

我慢と思っている状況は、それに耐えて次の道が拓ける重要な path ＝通過点なのです。我慢は逆境に耐える精神力を鍛えてくれます。

全てあなたが直面していることは神の定め＝運命と割り切ると肩が楽になりませんか？そうしたら、自分が少しだけ積極的に踏み出した時にもそっと誰かが（心の中では神が）背中を押してくれると感じます。

計画通りなどというのは後付けの理論です。渦中では修正修正の毎日です。それが正解なのです。

あなたの学びたいこと、やりたいことを書き出してみてください

こんな記事が発表されました。

国連の幸福度調査、日本は五四位　前年より三つ下げる
3／15（木）朝日新聞

国連の関連機関がまとめる「世界幸福度報告書」の二〇一八年版が一四日、公表された。各国の人々に尋ねた幸福度の順位で、日本は一五六カ国・地域中五四位となり前年より三つ下げた。報告書の発表は一二年に始まり、一八年版が六回目。

調査は、各国で毎年一千人程度に「今の幸せは〇～一〇の段階でいくつか」と尋ね、国ごとの過去三年の平均値を算出して発表している。「幸せの内訳」として、国内総生産（ＧＤＰ）などの指標や「困った時に頼れる人がいるか」「選択の自由があると思うか」などの質問の答えから、その数値となった要因の分析も試みている。

今回の発表は一五～一七年分が対象で、日本の平均値は五・九だった。高福祉・高負担の北欧諸国が七を超えて最上位に位置した。三〇位までの多くは欧州各国や中南米の国々。アフリカ諸国は三～五の値が多く、下位に位置していた。

日本の大学の学部などを俯瞰していると、特に文系はどこの大学も同じような学部が多いことに驚きます。それが良いか悪いかはここでは議論しませんが、良い意味でも悪い意味でも画一的であるというイメージは払拭できません。

僕の大学時代も当たり前のように法学部を選び、試験科目の羅列のような選択群から選び、それが四年続きました。

国際関連の科目は少なくて、他学部の科目をもぐりこんで履修したり、ゼミとは別に当時新しい分野とされた国際経済法の先生のゼミに参加させていただきました。周囲はアメリカを意識した空気が強く、その頃から欧州に目を向けて、大学院はイギリスに行こうと決めていました。

今はどうでしょうか？　カリキュラムは大分国際化してきましたが、学部の名前などは昔とあまり変わっていません。

自分がさらに勉強して極めたいことがあればそれを求めていろいろと調査をしてみましょう。

それが結果的には近い将来のキャリアアップや転職と結びつくことは間違いありません。社会人になってから自分の学びたいことが具体化してきたら、それをサポートするような教員はいないか？　大学カリキュラムはないか？　など調査の対象がどんどん増えてきます。

おそらく自分が目指すものは学部単位で仕切られるカテゴリーには属さないことも出てくるでしょう。

さらに修士レベルの要求をすると一層ターゲットは国内では見つからないことになるかもしれません。自然と海外に目が向きます。また、大学院というレベルではなくとも、研究所というレベルでも専門的な研究をしている機関があることもあります。

自分が目指すものをサーチする過程で世界中が俯瞰できる情報や能力が求められるのです。それが社会人としてのレベルアップの第一歩ではないかと思います。

しかし大学の変革を待ち続ける時間はありません。整理すると

●ケース１　国内留学検討　休職か夜間週末講座参加か退職か
●ケース２　海外留学検討　休職か企業留学か退職か
●ケース３　国内研究機関への参画検討　企業派遣か夜間週末利用か
●ケース４　海外研究機関への参画検討　休職か企業派遣か退職か

というシナリオが考えられます。それはあなたが今置かれている状況からご自身でどのタイプを選択するかを決めればよいと思います。

正確には右記の分類以外にももっとフレキシブルな対応は可能だと思います。規制がもっと緩い自由な分類方法はあると思います。

そこでの結果を証書や学位として残す場合から、履歴書の中での記載が研究員である場合までいろいろあります。活かし方はあなた次第です。

残念なことに今から二〇歳には戻れません。これからのキャリアのために自分自身で自分を装備していかなくてはいけないのですから、今の環境の中で可能なあらゆる方法を模索してみてください。

三〇代なんてまだまだひよっこです。一段ずつ積み上げていけば大きな壁を超えることが十分に可能な世代です。近未来やりたいことのために今何をすべきかを一緒に考えましょう。

画一的教育の成果は後日誰かが評価すべきもので、これからの自分には無関係です。自分らしいキャリアと学歴を積み上げて、やりたいことをやるだけです。

さて、ではあなたが学びたいこと、やりたいことなどを書き出してみましょう。そしてその先に自分が目指す何かがあるのではないですか？　それも書き出してみましょう。

他人は見ません、好き勝手に書き出してみてください。そこに夢はありますか？　その先にイメージできる自分がいますか？　ガンガン書き出してみてください（そしてできればそれをトイレに貼り付けてください。毎日何度か行く場所です。目に焼き付けてください）。

ＡＩに移り変わる職業　例えば「士業」の行方

少し視点を変えてみます。ＡＩの到来が始まっています。昨年実施されたある興味深い調査結果が日経新聞に載っていましたのでご覧になった方も多いと思います。

どういう調査だったかと言うと、ＡＩがどういう士業から職を奪うかという内容でした。その結果、今後人気が無くなる職業としていろいろな士業が羅列されていました。

士業とは弁護士、公認会計士、税理士、司法書士、行政書士、弁理士など士がつく職業です。コンピューターに必要事項をインプットすれば答えが即座に出るような作業は置換されるでしょう。

僕らの職業も、法令や判例など過去のデータを全て正確に記憶するＡＩが出す答えとは喧嘩はできませんが、時代の変化、家庭の個別の状況、情状酌量の部分など人間の感覚が必要な部分ではニーズはまだ残るかもしれません。

しかし近未来を俯瞰しようとした場合には、なかなかお勧めできるものが減っていることは事実です。大きく変化することは目に見えています。

時代の流れには敏感でいてください。こういう統計がすべてではありませんが参考になさってください。

さて三五歳で将来を見据えて今自分が学ぶべきこと、わざわざ留学や休職してまで身につけなくてはいけないこと、それらが将来どう役立つか、などを整理してみることは必要

難関とされるサムライ業の多くがＡＩに代替されかねない

	AIによる代替可能性	資格試験の合格率	主な業務
弁護士	1.4%	※25.9%	訴訟代理などの法律事務
司法書士	78.0	3.9	登記や供託に関する手続き
弁理士	92.1	7.0	特許などの出願・登記手続き
行政書士	93.1	9.9	官公署に提出する書類の作成
公認会計士	85.9	10.8	財務書類の監査・証明
税理士	92.5	15.8	税務書類の作成や税務相談
社会保険労務士	79.7	4.4	労務・社会保険に関する書類の作成
中小企業診断士	0.2	3.4	中小企業の経営コンサルティング

（注）ＡＩによる代替可能性は2015年12月公表の、野村総研と英オックスフォード大との共同研究による「10〜20年後に、ＡＩによって自動化できるであろう技術的な可能性」。資格試験の合格率は※が17年、その他は16年。中小企業診断士の合格率は１次試験と２次試験の合格率を乗じたもの

なことです。

二〇代三〇代で起業して大きく成長させたメンバーとの交流は今も大切な時間となっています。自分が気付かなかった視点をいつも明快に示してくれるからです。

僕の時代からは今の一〇代二〇代のメンバーが見据える日本の将来はなかなか想像できませんが、三五歳のあなたなら、彼らと共存する二〇年後三〇年後は比較的容易にイメージできるでしょう。

その中であなたの夢を実現するために今すべきことを書き出してみてください。そして自分に不足しているものがあればそれらを補う意味で今後五年間の勉強予定を立ててください。

休職必要ですか？　留学必要ですか？　いろいろシナリオを考えて、自分らしい一手を生みだしてください。とにかく先手先手で進めてください。気付けば軌道修正をすればよいのです。

最悪なことはグダグダ議論だけして進まないことです。孤独な闘いですが、歩みを進めてください。興奮しながら進めると頭の中に溢れるエネルギーが細胞を活性化してくれます。同時に健康も維持できることになります。僕は議論だけして何もアクションを起こさない人が大嫌いです。

悲観的な士業の未来を垣間見ましたが、その一方で士業の役割が変化するという傾向も無視できません。

本来はこういうことをする代書屋であったという時代にまで遡る必要はありませんが、時代の流れと共にその役割や業務の変化が求められてきて、ＡＩ共存の時代の士業の役割は時々刻々変化していくのだろうと思います。

いくつもの職業や資格が時代に合わせて変化してきた過去のように、これからも時代のニーズに合わせて変化するものだと思います。

司法試験制度が変わりロースクールが混沌としている中で、みな新たな活路を見出すべく議論し、時代のニーズにこたえようと苦労しています。

三五歳になり、次の五年間の中に資格取得があってもおかしくはありません。その場合にはその業界の仲間に会い、現実と未来を自分で俯瞰してください。そのうえで決断すればよいのです。

さらに資格を次の一歩のための前提条件の一つ程度にとらえ、さらにその先を見る人もいます。大切なことは未来に夢に向かって必要な資格であるかどうかです。

今、社会人大学院で教えていますが、就業後に駆けつけて二年後に資格をとり、その後また会社を起こしているメンバーもいます。着々と夢に向かって進んでいる姿に感動をすることがあります。

日野公三氏にみる独立起業への志

三五歳の未来を語る上で今の高校の現実はどうか、というテーマは興味ないかもしれません。しかし、これから紹介させていただく日野公三さんはある意味日本の近未来を見据えている数少ない方です。

彼とは三〇年お付き合いさせていただいていますが、その信念はお見事なものです。これからの時代を担う人材のために教育環境を提供されている方です。

日野公三氏　プロフィール

アットマーク国際高校・明蓬館高校理事長、日本ホームスクール支援協会理事長

一九五九年愛媛県大洲市生まれ。岡山大学時代からリクルート社でアルバイトに従事し、そのままリクルート社へ就職し、二〇代での独立起業を夢みる。東京転勤、住宅オンライン事業部、人事測定事業部、営業職を経て㈱インタークロス研究所へ転職。そして三〇歳直前に㈱オウトゥー・ジャパン起業独立。神奈川県第三セクター㈱ケイネットを経て二〇〇〇年に㈱アットマーク・ラーニング社を設立。「不登校や発達障害などスペシャルニーズを持つ子供たちを救いたい!!」という志からオルタリティブな（隙間を埋める）教育機会の創出を目指している。石川県、福岡県、横浜、青山など自治体や外部機関と連携しながら、着実に全国展開進行中。

メッセージ

明蓬館高校は、激増する発達障害のある生徒のための高校として二〇〇九年に誕生しました。日本中からさまざまなお困りの声が集まってきています。

障害を持つ生徒にとって良い学校は、そうでない生徒にとっても良い学校である。

非定型発達の生徒にとって良い学校とは、平均的な定型発達の生徒にとっても良い学校である。

そう信じて、学校経営をしていくとある真髄に出会うことがあります。それは、世の中は必要性に気付いた人を中心に動く、というものです。

過去の延長線上に歴史はただだらだらと連なっていくものではなく、誰かが〃あること〃に気付き、路線を変えたり、違うものを生み出すことにより、歴史は動き出すものなのです。

エレベーターの中に鏡を見かけることがあると思います。あの鏡は何のためにあるのでしょう。それは、元々は車椅子を使う人のためにつけられたものです。正面からエレベーターに乗ると、降りるときに後ろ向きになるのですが、その手掛かりになるのが鏡なのです。でも、あの鏡があることによって、自分の姿を映したり、他人の姿を見ることによって安心感が生まれるのではないでしょうか。

ほかにもストローは、手の不自由な人のために作られたもの。ライターもまた、片手で火がつけられることを欲した人によって誕生したと言われます。

私は、若き日、ＩＣＴ業界に長らくいた人間です。そこで見た光景、接してきた人たちは、自分たちの欲しい事、ものを自己主張する様子であったり、人たちでした。スペシャルニーズを持つ生徒に焦点をあて、その生徒が満足と達成感を感じるサービスをつくれれば、それはやがて多数のニーズを捉えるものになる。そんな思いから出発した明蓬館高等学校。

そしてＳＮＥＣ（スペシャルニーズ・エデュケーションセンター）。大多数のニーズからビッグアイデア、革新的なサービスが生まれたことは少なく、それらの多くは、ある少数派の、突端的なニーズから端を発しています。

歴史が雄弁に物語っています。前例にとらわれない柔軟な感性、敏感な感受性、異和感や疑問を唱える姿勢から、われわれ学校教職員は多くのヒントを得ています。

日々確実に改善・改良を行ない、やがてブレイクスルーをしていく。これからも営々とそんな日々を過ごしていきたいと思います。

スペシャルニーズを持つ人たちが金の卵であり、スペシャルニーズに気付ける人こそが、多様な価値を受け入れて生き方をバージョンアップしていける人だと思います。

「今あるものから選ぶ」ことだけでなく、「今ないものを共につくる」。

障害者は、People with special needsと呼ばれます。スペシャルニーズを持つ子どもたちの未来には、これまでになかったものも含めた選択肢が広がっていくべきだと私は考えています。過去、前例、着実思考だと先細りになります。

支援の向こうに、「選択肢の多様化」があります。職業が次々になくなる時代になり、職業、職域、新しいスキルを創造することの重要性をお話ししたくてこの本を世に問いたいと思いました。

ディスレクシア（読字障害）の人たちの研究がどんどん深まっていて、それに安心して、自ら告白する有名人が増えています。中でも有名なのが映画俳優のトム・クルーズ、オーランド・ブルームなどです。

芸術面、特に絵画、映画や音楽、建築設計の分野では、読み書きで障害のある人たち、ディスレクシアの人たちが活躍していることが実証されつつあります。ディスレクシアの人たちにとっては今、自ら告白しやすい風潮があるといえます。

「E・T」「ジョーズ」などの名作を生み出し続けてきた映画監督、スティーブン・スピルバーグもまた、若き頃は学習障害の一つ、ディスレクシアのため読み書きを修得するのがうまくいかず、いじめを受けます。自殺も考えたことがあるそうです。

映画を作ることに興味を持ち、カリフォルニア州立大学の入学を希望するのですが、三回も受験に失敗します。そして、若き映画監督としてデビューしたことを境に、大学も中退してしまいました。しかし、そういった挫折の経験をバネにしたのでしょうか、アカデミー賞を二度も受賞する映画監督になったのです。

日本でも活躍している自閉症スペクトラムの人が、山ほど存在します。ですが、彼らは曲がりなりにも職業生活を営んでいるので、自閉症スペクトラム障害という名前が付かないだけなのですね。そこが実は課題なのです。

対人関係のトラブルがなく、社会生活が営めて、社会的に適合していても、何かに依存しながらどうにかやっていけてる人がいたり、そうかと思うと、何かのきっかけで対人トラブルが発生し、社会的不適合を起こしてしまう場合があります。

現代は、そのリスクが膨らんでいる社会とも言えます。自他共に、自閉症スペクトラムに対する理解と受容ができる大人が増えていくことが望まれます。

アメリカでは実は、ＡＳＤ（自閉症スペクトラム障害）とＡＤＨＤ（注意欠如多動性）のある人は、起業家になりやすい、経営者としての素質があると言われているのです。

一時、ＩＴベンチャーでシリコンバレーの経営者の多くが、自閉症スペクトラム障害で、なおかつ成功している＝シリコンバレー症候群という話がありました。

ビル・ゲイツは中学二年生のときに、アスペルガー症候群の診断を受けています。それと同時に一種のサヴァン症候群で、もの凄い記憶力がある。あることに夢中になると寝食を共に忘れるくらい没頭できる力を持っています。

サヴァン症候群とは、シャッター・アイなどをはじめ、独特なメカニズムで一回見たもの、聞いたことを全部記憶してしまうのですね。絵を描きだすと、もう克明に描けてしまう。

フェイスブックの創業者のザッカーバーグは、ハーバード大学を中退したのですが、人間関係を築くのが苦手で、友達が少なく、ハーバードの寮生活でも友達が少なかったそうです。

なので、もちろん、女性にもてるはずがない。そこで、女子学生の品評会のサイトをネット上に作ったのです。学内のサーバに入り、女子学生のデータから作り上げました。美人投票のサイトですね。

このサイトを作ったことが、フェイスブックを起ち上げるきっかけになったのですが、それが人気を呼んで、プログラマーとして凄いと言われるようになり、急にもて始めた。その後、彼の才能とアイディアに資金が付き、フェイスブックが立ち上がったのです。

彼は、こう語っています。「自分は社交下手で、ソーシャルスキルがない。その願いをフェイスブックに込めて、作ったのだ」

他にも、いろいろな人のエピソードがあります。チャールズ・シュワブ（同名の証券会社の創業者）、リチャード・ブランソン（主に英国だが、バージングループ）、ジョン・チェンバース（元シスコのCEO）、そしてスティーブ・ジョブズ（アップル）らは言うまでもなく、フォード、ゼネラル・エレクトリック（GE）、IKEAの創業者などもASDの特性を持つ人たちです。

日本の場合は、大きな可能性の芽が出る前に、何らかの形で摘まれ、潰されてしまっていることが非常に多いですね。前述の人たちがもしも日本に生まれ育っていたら、今日の名声を得ていたでしょうか。残念ながら私にはそうは思えません。

三五歳のあなたへ、是非これまでとは違った教育環境などを念頭に置いてこれからの新時代のライフプラン作成に向けて頑張ってください。教育界は思いのほか多様性に対応した組織に変化を遂げつつあることが伝われば幸いです。

これからの時代を担う二人を見ると既成概念が消えていく

今ご自身の近未来のためにいろいろ知的武装を検討されているあなたには、おそらく刺激を受けた経営者などがいろいろおられると思います。またあなたの仲間と一緒に将来起業を検討中の人もいると思います。

人的ネットワークはいつの時代もＡＩの時代になっても最も価値ある財産であることは間違いありません。彼らとの緊密な連携のもと、慎重に進めて成功を体現してください。

今現在、起業の真っ最中というメンバーをこういう本の中で紹介させていただくことはよくないことでしょう。彼らも暗中模索の今、どういう方向に向かうかは神のみぞ知ることでしょうから、密かに応援するしかありません。

そこで既に企業経営者として各方面で活躍されているお二人のご著書を次にご紹介させていただきます。もうすでに有名人ですから今さらご紹介は不要かと思いますが、僕がこのお二人をご紹介させていただくのは、彼らが起業する前から交流があったからです。

堀義人さんは住友商事、鉢嶺登さんは森ビル時代から交流いただき、その後の起業から現在までをつぶさに観察させていただいたのでお二人のキャリアパスについては自信を持ってご紹介できます。

お二人とも既にご著書の中で経歴が記されています。二〇代三〇代での独立の影には相当なご苦労があったはずですが、見事にブレイクスルーされ、日本を代表する経営者として活躍中です。是非ご一読ください。

お二人が起業されたのは、僕が『アフター5の達人』（WAVE出版）を出版した後で、この本は、サラリーマンのアフター5は自由にもっと有効に利用すべし、という内容のものでした。

自分でも会社を作って（もちろん所属会社の了解をとった上で）、自由に活動していました。その頃にお二人と出会い、いろいろとお話をさせていただくことができました。

お二人は会社を辞めて起業されましたが、僕は所属会社と共同出資の合弁会社の形式をとりました。その後のお二人の活動はお見事と言うしかありません。その時々の御苦労や判断などご著書から様々学んでくだされぱご紹介させていただいた価値があろうかと思います。改めて素晴らしい経営者であることが読み取れます。

●堀義人さん

堀さんは住友商事に就職をされました。

在職中にご自身の留学経験から将来を見据えて、これからの日本にもＭＢＡ（経営学修士）を取得できるスクールが必要になると言う強い意志を持って、会社を退職され、グロービスという今や日本有数のビジネススクールを設立されました。

途中苦労された時期もありましたが、信念を曲げずに経営を継続され、その後大学院設立までこぎつけました。

今では知らぬビジネスマンはいないほど周知徹底されたスクールですね。

その著書『人生の座標軸』（東洋経済新報社）をおすすめします。

●鉢嶺登さん

鉢嶺さんは森ビルに就職されました。

その後新規事業の夢を描き、二〇代で退職されてマーケティング会社のオプトを設立されました。

最初は今ほどインターネットが普及しておらず、営業活動はまさにフットワーク勝負の時代で、毎月毎月結果を積み重ねて成長をさせてきました。

一九九四年にダイレクトマーケティング事業を設立、
二〇〇〇年に広告効果測定システム「ADPLAN」（アドプラン）を開発、
二〇〇四年にジャスダック上場。

二〇一三年に東証一部上場を果たされました。

その著書『ビジネスマンは35歳で一度死ぬ』（経済界）はとても参考になると思います。

三章

今からなら何でもできる

四八歳までを一区切りとした計画をしっかり考え立案する

さて、七五歳まで現役プランニングに理解を示してくださった方々にとっては、三五歳という通過点がいかにまだ若い時期であるかご理解いただけることと思います。しかし、のんびり過ごしているとすぐにまた五年など過ぎ去っていくことも事実です。

僕は漠然とイメージを描いて生きていくことに反対です。イメージが出来上がったら書き出すことです。そして事あるごとにチェックしながら確認することが重要だと思っています。

具体的には、ビジネスマンに許された時間をどう配分するかということになります。

一八時から二四時と週末をイメージしてください。週日三〇時間と週末二〇時間を有効利用できることになります。仕事が一八時で終わらないとか言い出すと何もできません。

僕も著書の中で、自分の時間を作ることを前提に、どうしたら今を変えられるか、もしだらだら残業して会社にいたらどうなるかということも考えましたが、その時には会社での評価とか仕事の同僚との時間というものは優先順位の後尾に配置していたので、結果として毎日夕方以降の時間を設定することができました。

三五歳のあなたならどうですか？　決めて実行するしかないですよね。

極端な例かも知れませんが、参考になさってください。時間づくりノウハウとして参考にしてください。

僕の場合には、仲間の事務所に些少でしたがお礼をして、夕方以降机を置かせてもらいました。家と会社の中間地点です。そこでいろいろと練りました。計画の話は次項で述べます。

時間を作るということであれば、かかるけじめも必要でしょう。最近は安価なレンタルオフィスもありますし、仲間の手助けを借りる際には、自身の計画の延長線上にこの仲間も参加しているという前提だと、もっともっと話がはやくすすむのではないでしょうか。

もし自分が二〇代でかかる計画を漠然と書き出していたとしたら、さすがに最初は自宅の一部ということになったでしょう。

僕の最初の五年計画の中では自宅で留学準備というのが入っています。二三〜二七歳の時期です。一畳半のスペースでした。

三五歳であればもっと選択肢が広いと思います。時間と場所を確保したら、さあ、手帳に書き出したことを五年という期間の間に忠実に確実に実行することです。

次の五年が来てもまだ四〇歳です。四八歳よりももっと早くに次の一手を考えているなら、この四〇歳までの五年間に計画の実施を始めてもいいでしょう。ただしそれが自分の中の長期ライフプランニングの一環にドカンと明示されていることが絶対に必要な条件になります。

それらが周到に用意されているなら、三六〜四〇歳は実行→実現期間となります。最初に結論めいたことを書きましたが、この章では以降にノウハウを示しますので参考になさってください。

そして最もこの時点で悩ましいのが、会社への態度が決定したとしてもプライベートでの生活維持のためのリクエストが後を絶たないと思います。

しかし、会社勤務で給与が保障されている以上、優先順位については家族にも協力してもらうことが重要です。

僕は独身であったらどうだったかと考えることはなかったのは、まず計画立案の段階ではすでに二四歳で結婚して、留学先にロンドンに家族で行くという前提で計画していたからです。

そしてあとから知ったのですが、僕のわがままな計画に対する家族の反対がなかったのは、毎月二五日に給与が支払われていたという事実があったからでした。

生活面で心配をさせないことは当然のことで、そこでの不安払拭は計画段階で織り込まなくてはいけないことですね。

以上の基本的なことを勘案して、あなたのこれからの五年間計画があなたの夢のフレームの中にしっかり位置付けられているかを確認してください。

だらだらと先の時間を見るというよりは、僕はこの本の中で、四八歳までを一つの大きな区切りとするという提案をしていますので、三五歳のあなたも四八歳までの計画についてはしっかりと考え、相談し、立案してください。

そしてそれを毎日俯瞰できる場所に張り出し、手帳に移して持ち歩き、折に触れてチェックしてください。

そして、一年計画へと移し替え、さらに四半期計画、月次計画として実行可能なレベルに引き下ろしてください。

手帳はなんでもいいですが、僕はＮＯＬＴＹ９０８２を利用しています。デジタル化はだめです。名刺整理でも書きましたが、この本の中でデジタルという表現は出てきません。書き、チェックして、頻繁に眺め、パワーをもらいますので、いつ見ても同じ字体の羅列ではパワーは飛び込んできません。

自分で書きこんだ時の意気込みがそこにあるのですから、気弱になった時に自分を励ましてくれるのは自分の書いたパワーある単語群であり図式なのです。一分でよみがえるのです。デジタル手帳に指で何かを打ち込んでからでないと現れないものなど、潜在的パワーはゼロ以下です。

行動を起こし、突き進む

漠然とイメージしているだけで実行に移さない人をたくさん知っています。彼らに共通していることはとにかく色々な本を読み、その本をしっかり把握しているのですが、読むことで満足してしまって、その後のアクションを起こしていないのです。

部屋には実にいろいろな本があり、前向きなのは読書行為だけで、踏み出すことに躊躇しているのか、その気がないのかよくわかりませんが、進みません。これでは読書の時間さえ無駄に思えてきます。

何人か、行動を起こした人のことに触れましょう。

Nさんは当時まだ二〇代でしたが、僕の本を読んで会社を辞めることを決めていました。

ある日の朝自宅に彼が突然やってきました。お茶をしながら彼の考えを聞かせてもらいました。そして別れ際に「僕の背中を押していただけますか?」というので、わかりました、突き進んでください、とお話して、その後数年間、スタートアップの苦労をこの目で見ました。

いろいろとITの技術は未熟だった時代でもあり、足で営業することも必要だったのですが、若手のメンバーと見事に克服して、無事に上場を果たし、いまもその勢いは継続しています。

こういう出会いは偶然なのかどうかわかりませんが、僕も自分の本をだすという以上、その影響については覚悟しています。本を通じて得るものは非常に大きく、出会いばかりかさまざまな果実が待っていてくれます。

このNさんとのつながりにはその後も偶然がありました。僕は若手の俳優を応援することが多いのですが、ある日一人の俳優さんが「ネットドラマに出演が決まりました。主演です」という報告をしてくれました。

そしてこのドラマの中で先程のN君が実名で登場し、この若手のグループがドラマ内で起業するときに大きな力を貸してくれたのです。これを見た時に、それまでも頻繁に感じていた、人とのつながり、というものは確かにあるのだなあと実感しました。

計画書を書きあげ、それを実施することは、ある時代の始まりを意味します。それがすべきことなのか、そうではないかということを語る時には、運命論的に語るのは好きではありません。

後からは何でも言えますが、実際当事者がそのスタートアップのラインに立った時に、運命という言葉で片付けたくはありません。その成功も失敗もすべきことなのでしょうから、いかなる結果がもたらされてもそれは無駄な時間ではなかったということです。ただ、計画書の立案の時点では相談を受けたらいろいろと意見を交わすのは必要なことです。

堀義人さんの創設したグロービスを知らない人はいないと思いますが、僕の周囲や家族にもここでＭＢＡを取得したメンバーがたくさんいます。皆、修了時には満足した顔を見せてくれるので、そのカリキュラムのレベルの高さ、内容の充実度などは素晴らしいものなのでしょう。

弁護士で参加したメンバーはその後も事務所のダイバーシティー化（人材の多様化）に積極的で目を見張るものがありますし、会社員の立場で参加したメンバーにはその後レベルアップの転職を実践したものが少なくありません。間違いなくモチベーションを変えて維持するノウハウが身についているように感じます。

この本の中でもビジネススクールについても触れます。僕も英国のビジネススクール「クランフィールド大学経営大学院」で五年客員教授として教鞭をとったので、そのモチベーションの高さと卒業後の転職マップは毎年見ておりました。

第一期の二五年の中で、もしＭＢＡを取得することを計画に織り込んでいる場合には早目にチャレンジすることをお勧めします。

英国での経験では三〇歳代前半が一番多かったように思います。統計で、転職前と転職後の給与の変化も報告されています。皆、素晴らしい転機を実現させているのです。

学校はＭＢＡだけではありません。自分の将来計画の中で取得しておきたい学位などがあればそれを選び、また学位だけではなく新たな知識と経験という学びもあるでしょう。

学ぶところは様々です。

大学院　　修士課程博士後期課程

大学学部・大学院　　取得すべき知識経験から選択

政府系シンクタンク

民間シンクタンク
民間企業が運営する研究所レベルの機構を事業として有するもの

以上のものには国内外の大学・機関・企業が含まれます

海外も対象になるということになれば、その検討先は膨大な数になります。

さて、検討する時にはこれまで出会った方々とのご縁がとても重要になります。たった一枚の名刺が運命を変える瞬間というものあります。だからこそ、日頃からの名刺の確認と連絡が重要になります。

あなたがこれから目指すものは

人生の長いスパンでのキャリアの形成は、自分の好きなある人のモデルをまねることから始まるケースがとても多いことに気付きました。

これまでの出会いの中で、多くの方が、誰々のような生き方をしたい、とかおっしゃるのを伺いましたが、その目標とされる方は、その方がいま立っている位置からはとても異次元におられるような方が多かったことを記憶しています。

歴史上の人物であったり、新聞で成功モデルとして戦後の日本史に名前が残されるような方々でした。つまり戦後がまだそう遠くなかった時代のことですが、それは一〇〇年も前ではありません。三〇年前のことです。

しかしその後まぶしく活動するメンバーは時代とともに変化し、実にさまざまな人たちが時代を彩ってきました。その中にある憧れのメンバーは、いまそこにいる人たちであることが増えました。

その影響もあり、自分で切り開くキャリアというものが輝きを放ち始めたのではないかと思います。規模よりも自分らしさに焦点を当ててくれる記事や称賛も増えています。いろいろなキャリアがある中で、規模の論理もあるでしょうし、価値の論理もあるでしょう。

あなたがこれから目指すものはどういうものでしょうか？　上場を目指すのもいいし、仲間と世間をあっと言わせるようなものでもいいし、地道な陶工への道でもいいんじゃないですか。大切なのは自分の夢を実現するということです。それにビジネスを通じて近づけるということではないでしょうか。

僕はオンリーワンという言葉が好きです。誰もしたことがないことをして六〇代ではこういったライフスタイルでいたいという、そんな目標を描いていました。会社員時代は鉄は３Ｋ（きつい、汚い、暗い、だったような……）のイメージを打ち破るということで、社内独立を進めたのが三二歳の時の決断でした。

三年の計画を経て実現しました。しかし準備する三年間はどうしたかが最大の焦点となりますね。僕は三年間だけ鉄を離れることにしました。時間をつくるためです。

自分で出向先を三カ月探しました。その結果、ある外国政府の日本事務所設置に伴う期間限定での商務官採用試験を受けて受かりました。

合格後、その必要性を書き出し、会社の人事部と幹部を説得して、時間を作りました。その時間で新規事業のスタートを模索しました。公務員だったので五時には終えることができました。

その後市ヶ谷にある友人の会社に席を置かせてもらい、夕方からそこをサテライトオフィスとして仕事を始めました。三年間でめどが立ち、三年後には会社に新規事業の提案をして、認められました。

この年代で社会人生活としてはかなり充実させることができたのがよかったと思います。社会人生活とはいっても、要は会社への負担をかけず、自分の能力と力の中で最大限できることにチャレンジすることがよいように思います。

この時点ではまだ六〇歳定年という当時の現実がドカンと立ちはだかっていたので、その後一五年延びたことは、これは全くのボーナスのような気分でいられるのです。いまはもう七五歳をベースに計画できるのですから、時間的には余裕が生まれたことになるかもしれません。

さてあなたもこれからの五年をじっくり書き出してみてください。キャリアをしっかり積むことができていますか？　そしてそれが将来の漠然とした夢に向かって、詳細なルートはあとで描くとして、方向性だけは間違っていませんか？　正しく情報を仕入れ理解し、自分の大きな夢の方角に向かっていればこれでＯＫです。後は自信を持って突き進むだけですね。

僕の一八時〜二四時の時間の使い方

前項で書きましたが、僕は会社に残り、一八時〜二四時の間友人の事務所を借りて作業を始めました。彼の事務所は出版社でしたが、出版社は夕方以降も人の出入りが多く、いつも賑わっていました。その片隅に机を置かせてもらって仕事をしていました。

また外で人と会うために様々な勉強会やミーティングに顔を出していました。無駄に顔をだすということではなく、長く付き合えるメンバーとの出会いを求めての参加でしたので、そこで出会った方々とはその後の仕事の上でもプライベートでも大切な仲間になってくれました。

こうした仲間は徐々に信頼関係が膨らみ、僕が会社に提案した新規事業が、もし会社が却下したら仲間たちが出資するから独立したら？　と応援してくれました。

驚くべきことに会社提案の日までに五人が資本金を僕の口座に振り込んでくれました。

結果的には全てお返しすることになったのですが、仲間の応援はとてもうれしく、また心強かったことを改めて今思い出します。

新規事業のシミュレーションも借りた机の上で進めました。結果が会社を説得するのにどれほど役立ったかは言うまでもありません。

週末についてはいろいろと時間を管理しながら、家族との時間をまず決めて、それ以外の時間を上手く活用したと思います。

イベントがある場合にはまずそれを書きこみます。

次に出張者とのミーティングはなるべく週末を活用しました。特に海外からの出張者は客先とのお決まりの食事会が週日にセットされることが多いので、週末は自宅に招いて普通の家飯を楽しむようにしました。

その時に心がけるのは、この出張で来ているメンバーとだけで食事することもありますが、彼らの日本でのネットワークを広げることに役立つ僕の友人などを家で紹介しながら一緒に食べるということを心がけました。そこから広がるネットワークは結構なものになります。

家飯はまた交際費などなかった時代には大変助かりました。また出張者たちも日本人の家族飯を食べることに大変喜んでくださいました。

今思い出すと実にいろいろな方々がやってきてくださいました。企業の人、政界の人、音楽業界の人、俳優さん、弁護士さんなど。どれほどのパワーをいただいたかわかりません。

点から線に、線から面に広がるというのは本当のことです。ネットワークパワーには物凄いものがあります。

エピソード1：ある日、アメリカから日本に駐在しているアートさんと夕食を約束していたので夕方レストランに向かおうとしていたら、シアトルの友人のブルースが急に日本に来ていて、一緒にご飯を食べないかとの連絡がありました。

そこで仲間と夕飯のアポがあるけど参加しない？　といって結局三人で食べることにしたのですが、初めて紹介した時にアートの名前がとても珍しくてサミルｘｘｘというのですが、その名前を言ったら、ブルースの顔色が変わり、「出身はアメリカのどこ？」などと会話が始まり、五分後に二人は親戚（正確にはブルースの奥さまの親戚）であることが判明してびっくりしたことがありました。そこから新しい関係が生まれたことは言うまでもありません。今もそれぞれの仲間との関係は拡大しています。

エピソード2：留学時代にロンドンの地下鉄に乗っていた時に隣席に座られた方が、その後ずっと親切に面倒をみてくださいました。

彼はロイヤルフィルハーモニックオーケストラの広報部長のニューマンさんでしたが、僕のような学生をずっと優しく面倒見てくださいました。

帰国後オーケストラが来日公演をした時には必ずお会いしていました。ある時メンバーの方が日本の家庭を観たい、と言うので我が家に週末泊まりに来てくださり、子供たちとピアノを弾いたり楽しい時間を過ごしました。

翌日の夜に、彼はマスタートランペット担当でしたが、NHKでのコンサートの模様が放映され驚いたことがありました。

彼はその後、有名なカルテットをつくり公演の日々ですが、長くお付き合いがあります。残念だったことは地元の母校である中学校の軽音楽部に紹介したかったのだけれど、週末でできなかったことです。

しかし繋がりは長く、そこからいただく幸せ感はとても大きいものです。

このように週末は週日と違って、視点を変えてネットワークを拡大できるチャンスの宝庫となります。

そこで自分の考える仕事の五年先を眺めてみると、今ここでしておかなくてはいけないことがたくさん見えてきます。

週末に入った途端に切り替えを実施してみてください。何という四八時間でしょう。チャンスがたくさん転がっています。それを活かすも殺すもあなた次第ですよね。

名刺のたった一つの肩書にしがみついて狭い世界で終わることが無いように、頭をしっかり切り替えることが大変重要なことです。

お世話になった元会社の現地でのコンサルタントとして貢献

もうここまで読んでもらうと、一生を一企業に仕えることを決めた人はこれから先に興味はないかも知れませんが、ただそういう方の中にも、いまの会社の体質を変えたいとか、いまの会社で何か新規にできないとかを考えておられたらぜひ読んでください。

Kさんの例を書きます。Kさんは非常に特化した大学院を卒業後、その研究テーマにぴったりの企業に就職しました。そのテーマを書いたらすぐにどこの会社とわかってしまうので、一般的な書き方でご容赦ください。

一〇年後三〇代で彼は出身地の地元に帰還せざるを得なくなりました。これは想定の範囲内のことでした。おそらく勤めていた社長や幹部も彼の家族の経歴からいずれ実家の起業を継承するだろうと想定されていたと思います。

彼の実家は年商一〇〇億の会社で不動産・福祉・商業施設運営に事業拡大しているので

す。彼はこれまでお世話になった会社の現地での事業拡大のコンサルタントとして元籍の会社と契約しました。

状況を知りつくしている会社ですから、彼の実家のある地域では当然、どういうサービスを提供したらこの会社に喜ばれるかは彼は百も承知です。

具体的には彼の会社の中に、この元籍の知財戦略会社の支店を設置して、現地で適材適所となるようなメンバーを選定しました。彼自身の会社からも人を出向させることもできます。元籍の幹部が喜んだことは言うまでもありません。

会社を辞めるという行為にも戦略が役立つという最適な例であると思います。

いまの彼の二二歳からの流れをイメージすると、本当に自然に自分のキャリアアップを考えていると想像できます。

彼に刺激を与え続けてくれた仲間は？　と聞くと、日本青年会議所のメンバーと言います。二〇代で一サラリーマンがＪＣ（日本青年会議所）のメンバーとして活動を開始するというのは、彼なりのキャリアアップのための戦略だったと考えられます。

勤め先との合弁を提案して受け入れられた

僕の場合には会社との合弁を提案して受け入れられたというのが大きな成果でした。もし受け入れられなかったら退職するかどうか考えることになりますが、受け入れられるという前提で作戦を練り、下準備をして提案したので、案外すんなりと受け入れられました。

時代が変わっても変化のないことは、十分な市場調査をしたうえで新規事業を就職先の会社に提案するという行為はいつの時代でも「あり」だと思います。

僕は鉄鋼業の会社に国際コンサルティングの事業を提案しましたが、この二業種に全く関連は薄く、よく認可されたものだと今振り返るとそう思いますが、必死に動き回り十分なリサーチ（三年間実施）の上での提案は幹部の心を動かすことができたのかなと感じました。

もちろん採用してくれた人事部のメンバーにはいつも真っ先に報告をしていました。ここでのネットワークがなければ提案は却下されたと今も思っています。

人的なネットワークというのは本当に重く、重要なものであることを改めて認識している昨今です。

すべてが縁で結ばれているわけではありませんが、縁をいただいた会社の方々とは最初の説明の段階からレベルが違うので、やはりそこからの出発となるケースが多いということはいまも強く感じます。


またさらに、勤務先の会社だけではなく、会社の同業他社や業界団体、その所属する業界を統括する経産省の関連部署、外部の団体や研究機関、大学の研究者たちとのネットワークは、あなたが二二歳で選んだ会社のご縁でつながっていることを忘れてはいけません。

あなたの一枚の名刺が世の中のどれほど多くの企業や団体などの部署に通じるものなのかを今一度リストアップしてみてください。

僕の事例では、鉄鋼会社だったので以下のような広がりがありました。

●鉄鋼会社　その競合先のメーカー

●総合商社　鉄を扱うすべての商社　また原料を扱うすべての商社
●運送会社　製品・原料を輸送するすべての輸送会社
●船会社　製品・原料を輸送するすべての船舶会社
●検査会社　製品・原料を検査するすべての検査会社
●鉄鋼事業に関連する付属品や副原料などのメーカーと商社
●経産省　下部団体　業界団体
●経団連
●研究所関連の様々な研究団体・大学
●商品の広告を扱う企業
●ＩＴ関連の会社で鉄鋼メーカーのすべての運営に関連する企業
●工場などがある地元の経済団体
●以上に関連する海外の類似の団体や企業

ほかにもいろいろあるのですが、あなたの会社も同じような広がりがあることがご理解いただけましたか？

会社に残ってやらせてもらえたからこそ開けた僕の人生

自分自身のやりたいことをやり通すって、何だかわがまま勝手に生きてきたと受け取られるかもしれません。しかし、現実はそんな大胆な行動を積み重ねてきたわけではありません。できることをできることからしてきただけです。

俗に積み重ねという表現であらわされることがあるかもしれません。

大きな流れについては僕の五年ごとの活動履歴（二一三頁から）をご覧ください。

一番大きな流れとなったのは三〇歳過ぎて留学後本社の海外法務室に勤務していた時期に起こりました。留学までは入社時に決めていたので、留学後の所属の海外法務室までは戦略と言えるものはそう多くありません。

ロンドンでの留学修了時にロンドン事務所駐在という可能性もあったようですが、それでは留学の知識経験が生かせる場が少ないということで本社に戻りました。

そして三年経過時に実践したカナダ・ブリティッシュコロンビア州政府勤務を出向扱いにしてくれるように人事部と交渉したことが、その後の人生に大きく影響したと思います。というのもこの出向中に、夜の時間を利用して次の五年のコアになる事業を実施して子会社として認めていただくという作業があったからです。三年かかりましたが、実現できました。

この三年間は目標が定まっていたので、やるべきこと（定期的に人事部へのプレゼンを行うことや、事業を夜に実施して数字を挙げて、それらを具体的に示したこと）をやって会社の幹部が賛成に回ってくれたことが最大の作業でした。

同時に五年後には会社経営をしながら並行して大学教授職をゲットするという計画があったので、法律書の執筆も同時に実施しました。

しかし時間的にかなり制約が入っていたので、連載と言う形で書きためることに専念しました。連載であれば一か月の中で時間配分すればできるので、週末の活用を重視しました。そこで様々な法律雑誌を出版している会社と交流を深めて、応援していただいた大学の教授の方々の後押しもいただき、一つ二つと連載を確保していきました。

この時には留学先をロンドンにしたことが大いに役立ちました。アメリカの論文や記事は多いのですが、ＥＵ（当時ＥＣ）に関しては情報不足もあり、重宝されたのでした。

加えてカナダ・ブリティッシュコロンビア州政府時代にはカナダの法律に関する連載執筆はカナダへの投資誘致に繋がるということでカナダ政府、ブリティッシュコロンビア州政府からも支援をいただけました。情報提供してくれたカナダの法律事務所のＰＲにもなりました。

多い時で月に四本の連載を抱えましたが、州政府での業務中に堂々と原稿を書くことができたので時間の有効活用例としては人生の中で最高に効率の良いものとなりました。


このように一つの目的のために一つの手段を用いるという手法ばかりではなく、同時に一定の時間内で二つ三つの成果を出しながら、その有益性をアピールするということは言い換えると最高の時間活用になったと自負しています。

その後大学教授に転身してからは、実務法学を全面に打ち出して活動しました。大学によっては法曹資格を目指すところも多いのですが、僕がお世話になった大学では法曹資格ではなく企業人育成がメインでしたから、幸いにも四年目に大学当局から二〇〇名枠の新学科の募集があり、僕は「現代ビジネス法学科」を提案して当選しました。

その科目群作成や教員採用でそれまでお付き合いのあった方々に声を掛けさせていただき、新学科は予定通り開講し、現在に至っています。


実務教育というのはいろいろな議論があるのですが、英国にあったポリテクニーク型の実務優先の学科があってもいいのではないかという信念が有り、タイミング良く募集にめぐり合い提案して受け入れられました。

同時に大学教授時代には一校にとどまらず、どんどん自分をアピールして英国のクランフィールド経営大学院と北見工業大学で客員教授資格をいただき、駒澤大学、琉球大学、岡山大学、早稲田大学エクステンションセンター等で客員講師の職を得ました。

夏季休暇・冬季休暇・夜間を活用しての活動ですが、常勤大学での活動を考えるとこれが限界でした。

さらに弁護士登録後は綿密な時間配分を計画し、大学にとってもメリットのある情報収集に尽力しました。

こうして何かをしていて他の分野でもそれが役立つという戦略が身についていたので、明確に縦割りで分断する必要が無いライフスタイルを実現できたことが一番の成果であったと思います。

そして現在は客員弁護士、客員教授、社外取締役というふうに常勤職を無くして、時間配分を自由にできるようにシフトしました。

まだ七五歳まで時間は一〇年もあるので、その間にまた次のステップに進もうと考えています。

五年ごとに夢を実現していく、三五歳はまだ第三期

これまでの解説を参考にしていただき、これからの四〇歳までの五年間の計画を書き出してみませんか？

留学や外部機関への出向きは次章で検討しますので、是非業務に関連して、或いは出向

を含めて検討してみてください。これは近未来の夢に向かっての第一歩になるようなキャリア形成の一環となるものです。

いまの会社に入った理由などもここで振り返ることも可能ですし、また会社を移るという転職計画もここに入ります。

会社を新たに設立するというものもありですし、海外の企業とのコラボレーションも十分にありえます。

僕の周囲でこの第三期で方向を変えて夢に向かってのギアアップを実現したケースをいくつか見ていきます。当然僕のケースも含めますね。

三〇代半ばは何度も書いたように変化する活動を始めるには最適だし、パワーもあるし、何よりチャレンジ精神がみな強いのです。

ですから万が一予定通り行かなかったとしても、それは失敗というカテゴリーに加えるのではなく、心機一転へのきっかけとなったと見るほうがよいと思います。

シナリオ1 キャリア実現のために国内企業から外国企業の現地法人社員への転職を実施したケース：

この場合には、まず市場の情報を比較的入手しやすい同業の海外企業への転職です。海外企業の日本進出は頻繁にあります。すでに日本での活動が長い企業は採用のノウハウもあり、人事部の方針も確立されていますから、自分が入社して新たなチャレンジをする場合にじっくり会社の採用方針を確認することが大切です。

加えて目標の設定が厳しく課されますので、それを自分にあてはめて、ここでの経験がメリットあるのかどうかを見極める必要があります。結構なレベルで融通が利かないケースも多いので、事前調査と内部情報の入手が重要になります。

シナリオ2　キャリア実現のために国内企業から外国企業の現地法人幹部への転職を実施したケース：

この場合には最初の現地法人幹部なので、本社との連絡を密にして、自分らしさを思う存分発揮することがしやすくなります。責任も重いのですが、自分の方針と中期目的に沿った経験を積むことができるので、やりがいがありますし、僕もこういうシナリオは強く推薦します。

本社幹部との交流が日々の業務の中心にもあるので、経営感覚が養われます。そして現地法人トップで決まると、以後は常時経営トップで異動することが増えますので、自分が書いた三五歳からのシナリオの中でも比較的先が読みやすくなる転職であると思います。

シナリオ3　キャリア実現のために起業するケース

これはすでに二〇代からのキャリアプランニングを実施している方が考えるシナリオかと思います。

僕が会社設立を実施したのは三五歳でした。三〇代前半で方向性が固まり、それに基づいて会社を設立し一気にギアアップしていくことになります。こういうシナリオが短期的ではなく中期的な計画の中でもしっかり位置づけておけるように、会社の一〇年計画などを書き出すことも必要になります。

その先が上場なのか、株を売り快適な利益享受生活へのシフトなのか、或いは数年で会社を売り払って自己資金をためてまた新たな次があるのか、いろいろなシナリオができます。

アフター5に貪欲であれ　ネットワークを開拓する会の見極め

アフター5の活動には計算と貪欲さが求められます。むやみやたらと名刺交換するような人脈作りの会はあまりお勧めできません。成果が乏しいのが自身の経験と先輩後輩諸氏のある程度共通した意見だからです。

まずこのような会に参加する場合、誰の紹介で知ったかが最優先の自問です。しっかりした方で、その方の会合であれば、素晴らしい面々と出会う機会が間違いなく多いと確信できるのであれば是非参加すべきです。

ネットワークパーティーと言う名目で、主催者がかかるパーティーを開催すること自体で満足顔をしてしまっていては参加の意味はありません。九〇年代にはこのような無意味な会合がよくありました。時間の無駄です。

見極めが難しい場合には自分の足で参加し、そして一名だけと知り合いになるという気楽な気持ちで参加すべきです。その一名との出会いについては、どうやって仕掛けるかですが、

●主催者に、なかで最も信頼のおける方に紹介を依頼する
●自身の眼でその話しぶり、話題などから判断する

間違っても肩書で判断しないことです。あなたが参加する会合で年上の方が名刺のタイトルに見合った方かどうかは難しい判断です。黙っていても昇格するような時代を生きた人もいるのです。

目当ての人を見つけたら、彼がどういう目的でこの会合に参加したかを想像或いは質問すると、だんだんその方の価値がわかってきます。参加する会合のバリューを推し量ることも重要ですので、同時に見極めてください。

できれば短時間で終わらせましょう。いろいろな方と名刺交換して、少しだけ話をして、相手の目を見つめ、締めます。

●この会に参加してよかったかどうか

●将来にわたりコンタクトをとらせていただきたい方がいらっしゃったかどうか。

折り目正しく、てきぱきと行動し判断しましょう。二次会は絶対に参加してはいけません。あなたには三五歳の岐路の真ん中で、予定表にある次のことを処理、開拓することがたくさんあるのです。

こういう会合ではオンリーワンに出会っても二次会でさらに話すのではなく、次回あまり時間を空けずに手紙や場合によってはメール、或いは目的をはっきり示してお会いする段取りを設定しましょう。会えない間は定期的なご挨拶が重要となります。

かかる会には歴史があるものも多いです。長く続く会には必ずアドバンテージがあります。主催者の洗練された目的と集客メンバーの高品質維持のための技が混じり合い、肩を張らなくても新しい人を受け入れてくれ、セールス目的やレベルの低い名刺交換バカ野郎を排除している会です。

僕もこれまでに数多くの会に出席してきました。一時は自分の見極める力を磨くために毎週のように参画してきた時期がありました。三五歳前後です。

この時に自分にとって価値あると自信を持って言えるネットワーク構築のノウハウを集積することができたと確信しております。

そういう素晴らしい会を主宰してきた方々とはその後も長く素敵な関係を築くことができました。

また人を見分けるというと大げさかもしれませんが、そういう判断力もついたと思います。面白いことに、あることをする人が皆舞台から消えてしまったということが起こりました。

一例ですが参考までに書きます。

この類の方ですが、三人とも借金の申し込みをあまりお付き合いのない段階でしてくるということがありました。

僕は借金をする人間とは一切付き合わないと決めているので断った後付き合いは一切ありません。しかしその後この三人は、一人は自殺、一人は収監、一人はあらゆる公共の場から消失してしまいました。

何を言いたいのかというと、一連のネットワーキング活動の中では最低限のマナーがあります。キャリアアップの模索中に資金繰りなどと言うものは自分で解決しなくてはいけないし、仲間であっても相談することは避けるべきです。

株主参加が前提等と言う場合にはもちろんテーマとなるでしょう。しかしネットワーキングの主目的の会では絶対に避けなくてはいけないテーマです。

金銭感覚のない人も避けなくてはいけません。

会場に駆け付けるように入って行くこと、またさっさと逃げるように退出することも避けなくてはいけないマナーです。あなた自身の行動が素敵な面々との間に壁を作っていないかも大事なチェック項目です。

できることなら、時間通りに参加し、中締めの時まで落ち着いて参加することがベストだと思います。

何人もの勘違い野郎をこれまで見てきました。自分は特別な人間なのだという空気を出したらそこでお終いです。心ある人は相手にしてくれません。

ある人が本を出し出版記念会を開催してもらいました。挨拶とミニ講演で、自分は有名人と錯覚して話をしていました。たかが一冊の出版です。それでその方の活動は終わってしまいました。明白な結果でした。こういう態度は恐ろしいほど想定通りの結果をもたらすものです。注意しましょう。

社会人ネットワーク構築の重要性

前項でアフター5のネットワーキング活動にあたっての注意点をいくつか述べました。会社に入ってからの二〇代三〇代では社外の人たちとのネットワーキング作りはとても重要なテーマです。

そればかりに没頭することは不要ですが、折をみては自分の不足していることやプランニングの中で重要となるキーパーソンとの出会いなどは、じっくりと冷静に進めなくてはいけない最重要テーマです。

いろいろな組織の会員になること、たとえば目的に応じて積極的に価値ある組織との関係を深めることは最重要テーマです。仲良しクラブのようなものもありますが、目的がどうか判断して決めてください。

一三〇頁で紹介したK君の場合には、ＪＣ（公益社団法人 日本青年会議所）を最優先で選び活動しています。ＪＣについてはいろいろと広報活動をされているのでご存知の方も多いと思います。

会社の関係で参加が可能な団体があればピックアップして見極めてください。また会社とは無関係で自分が重要と判断したものについては是非活用してください。

一般論でこういう団体を紹介するのは難しいのですが、自分の専門分野でどうやってその幅を広げるかは重要な検討テーマですね。

その先に大学での非常勤で教育をしたいとか、研究所の客員研究員をしたいとか、ある団体のフェローになりたいなどいろいろと欲望がライフプランに沿って生まれてくる場合もあると思います。僕の場合には三つの団体と関係を構築しました。

① 政府系のシンクタンク（財団法人）

研究活動を通じて情報の収集ができ、さらに定期的にこの団体が発表するレポートの編集委員に手を上げて参画しました。参加時間は会社にもメリットがあるので自由でしたが、半分以上の会合は夜間でした。

② 民間の企業が設置した研究所（株式会社）

会社が直面するある特定の法律問題を積極的に研究する機関で、損害保険会社が経営していました。会社と同じ企業グループに属していたので会社からの活動への了解を取り付けることは比較手簡単でした。

③ 定期的に専門誌を発行する研究所二か所（社団法人）

学者中心に経営する団体で、そこでの寄稿が中心でした。会社の活動で得た知識を最先端のテーマとして位置付け定期的に寄稿し、やがて自分のコラムページをいただきました。

僕が選んだ国と地域のユニークさと選択の理由

カナダ

僕が所属していた会社はカナダとの関係が密接でした。原料の取引、製品の輸出先としても規模が大きく、会社への情報提供を通じてメリットを共有できました。一〇州にわかれているので最も太平洋に近いブリティッシュコロンビア州の政府の東京事務所開設に合わせてそこに勤務することにしました。

メリット

●NAFTA締結に至る最新情報を取得できたこと
●カナダへの投資を検討する日本企業との交流ができたこと
●カナダの大学との交流ができたこと
●カナダの弁護士事務所と交流が深まったこと
●在カナダの日本人ネットワークに参加できたこと

イスラエル

あまり認知されていない国だった分、イスラエル関連の記事への執筆依頼は多かった。また積極的に現地でのネットワークを開拓したのですが、対日感情が良く、スムースにネットワークを拡大できました。

同国のハイレベルな技術に対する日本企業への関心も深く、在日大使館と協力して広報活動を応援しました。

メリット

●各国の法律業務のメンバーにユダヤ人が多く、ネットワーク構築が容易だったこと
●イスラエルを戦略的に位置づけている企業が多いこと
●世界の主要国とのＦＴＡ戦略が日本の戦略にヒントを与えてくれると読んだこと
●日本との交流を進めたいという政府民間の希望が強かったこと

沖縄

一方的に現地を訪問して、各分野の方々に面会を申し入れ、ここを活動拠点とする価値や意義が明確に描けました。徐々にネットワークが進み、大学での教鞭も行い、政府関係者とのジョイントセミナーなども計画し実施し、特区に絡む経済政策に意見を述べさせていただきました。

メリット

●地理的に戦略的な位置づけが可能だったこと
●製造業よりも研究開発拠点としての魅力があること
●イスラエルに似た環境が有り両国・県の緊密化に寄与したかったこと

●文化面でも豊富な人材多く、僕も沖縄美ら《ちゅ》島大使として寄与したいと感じていること

情報交換をし、一緒に考える仲間たちとの新たな出会い

僕は仲間という言葉を公開の場所でよく使います。特に定義はありませんが、やはりその人とは連絡を取り合い応援しあって、何かあれば一緒に考える、そう言うメンバーのことです。

彼らとの何気ない日常の中にヒント、新たな出会いや情報がたくさんあります。以前は名刺を中心として情報の交換をしていましたが、実に便利になりました。

今はＦＢ（フェイスブック）を最大限活用しています。その代わりに使用方法は自分でいろいろ考えてレベルアップしています。情報の価値倍増化計画として参考にしていただければと思います。

ＦＢは目的を決めて利用するといろいろ断捨離ができます。まずメンバーですが、最初の段階ではリクエストがあると、よほどのことでない限り受け入れます。

また僕からの名刺交換などを通じて知り合った方で、プライベートでも情報を交換したいなと感じる方々とはＦＢで繋がるようにリクエストをします。

ＦＢをしてない人たちとは名刺ブックに入れて交流し、これまでどおりに「名刺ぱらぱらめくり」をするようにしています。

しかし、ＦＢから削除することも頻繁にあります。まず定期的な頻度で情報や気持ちをアップされない方とは関係を遮断します。

ＦＢはお互いに考えや情報を交換するもので、そこで相互に何か一緒にできるのではないかという夢がいつもそこにあるものだと思っています。ビジネスなどというレベルに届かないものでもその人の元気やエネルギーが伝わるものです。

これまでも書き込みされない方とは、他の場面でも交流は無くなることは間違いないので、てきぱき処理します。自分の基準でいいのです。そして、得た情報で自分からのアクションはメッセンジャーで二人だけで意見交換をします。また数名におよぶ時にはメンバーでメッセンジャーのグループスレッドを立ち上げます。

こうして意見交換や活動を立ち上げることが増えました。非常に便利です。仕事やプライベートのお付き合いでは今の自分ではこの程度が快適です。ツールに使われているような状況は避けなくてはいけませんね。


僕にはラインでの連絡などはもう興味が湧きません。連絡ツールとしては便利なのでしょうが、大事な仲間との情報交換や連絡には僕は使いこなすことはできません。計画をしっかり立案したうえで、たとえば今週の行動や目的達成のための様々なアクションを実行する中で十分に使いこなせて便利と思うツールがあればぜひ活用してください。

しかし、使われないでください。振り回されないでください。夜半に一人で今日を振り返っている時に、静かに連絡先にメッセージを送ることがあります。

落ち着いて考えたメッセージはとても価値あるもので、次に進むために必要なものであることが多いです。そういう時間に必要な環境は静けさです。ひらめきが産まれる瞬間でもあります。

四章

キャリア充実のために再勉強は重要なテーマ
――大学院・研究所・海外留学

会社勤務のまま大学院入学は可能

三五歳で次へのステップを考えているあなたに、これまでの経験から大学で学び直す、或いは留学という選択肢や、今の場所からしばらく離れてみるといった選択肢について提案をしてみたいと思います。

この本全体のコンセプトは、七五歳まで元気に働く時代に三五歳のあなたは今どういうアクションを取れるのか？　といったライフプランとその実現に向けてのノウハウを提示することです。

次章では夢のある五〇歳からの二五年間ということを書くので、そういう明るい未来を構築するために、今何ができるかをいつも考えてほしいと願うのです。

二〇代の時には考えられなかったキャリアの充実というテーマの中で、再勉強は重要なテーマです。もちろん現組織に所属したまま夜間や週末を利用した自主的な勉強も一つの方法です。そういうことは他人から言われるまでもなく、すでに実施している方も多いでしょう。

しかし時代は思いのほか変化しています。周辺環境もです。

実際大学院も社会人受け入れを考慮して様々な制度改革を行っています。

会社勤務のままに大学院入学を実施したMさんとSさんの例を次に示します。

Mさんは都内の会社に勤務する会社員です。自身のキャリアアップのため、また同時に意識改革、情報収集などの目的を持って国立大学の大学院を受験して合格し、会社との交渉に入りました。

結果から申し上げると、会社の社長は彼からの提案を気持ちよく受け入れ、彼は会社勤務しながら大学院に通うこととなりました。彼の社長への提案は以下です。

✓週に一日水曜日に大学院に行かせてください。
✓その時間については月曜日火曜日木曜日金曜日の残業でカバーします。
✓大学院にはさらに週末を利用して二年で卒業します。

会社には彼の大学院での研究テーマを書き出し、結果的にはそういう成果が会社の未来図設計において十分に役立つものであることを提示しました。会社側は快諾してくれて、M君は無事に大学院での勉強を開始しました。

三三歳から三五歳までの二年間です。無事に二年で修了して、大学の教授は博士後期課程にも進むよう助言してくれたようです。彼は博士後期課程に進みましたが、現在は仕事優先で休学状態です。

次のタイミングを見計らっている様子でした。人生五五年現役時代のライフプランにはしっかりこの後期課程での修了と博士論文の提出など、いろいろと思いを巡らせているようです。

もう一人、大学院の社会人入学枠で参加してくれたSさんをご紹介します。彼女はすでに関西の大学を修了して薬剤師の資格を取得しているのですが、さらに弁理士の資格を取得希望して都内の大学院に通い始めました。

勤務先（病院）の就業後に通うことができるように大学院の近くにマンションを手配して、週日の夜間と土曜日の配当科目群で十分に五四単位を取得できるので、この春無事に修了しました。

Sさんは三〇歳で入学、三二歳で修了しました。これから弁理士資格取得の受験に入りますが、目的は明解なので迷うことなく自分の人生のキャリアを構築中です。

一度彼女に質問をしてみました。なぜ大学院に通うことを決めたの？　彼女の答えは、薬剤師は叔母がそうだったので迷わず大学を決めましたが、将来的には父の職業（弁理士事務所経営）も経営してみたいと考えたからです、といったものでした。彼女が通った大学院の方針は、修士論文で試験科目免除が受けられるということであり、実務家教育を中心に据えているものです。

この二人に共通していることは、会社を休職せずに大学院に通うという選択です。現実に社会人を受け入れる大学院は増えています。

地方にいるとなかなか希望に沿った大学を探すのは難しいと思いますが、大都市ではそういうライフスタイルがスムースに実現できる時代になりました。

もちろん通信教育という制度を忘れてはいけません。徐々にご紹介しますが、アメリカや英国の大学の日本校もあります。選択肢は思いのほか広がっているのです。

そこで重要になるのは選択をする理由ということになります。むやみに大学院に行ったからと言って、将来役立つかどうかは別のことです。

先に述べたお二人は、明確な目的をご自身で確認したうえで実行しました。M君はその後ヘッドハントされて、今は大手の成長著しいＩＴ企業の特別プロジェクトチームのメンバーとして参加しています。

Ｓさんは受験勉強中ですが、在学時の成績や昨年度の受験の経緯を聞くと、近々合格するであろうと読み取れます。

彼らの次の次を知りたい欲望に駆られますね。三〇代でのこの視点については素晴らしいと評価します。今後四〇代で海外に目を向けるかもしれません。


今は時間が無いかもしれませんが、こういう事例を参考になさってください。お二人とも仕事はそのままで修士取得を実現しました。そしてその取得がさらに将来に向けて背中を押すものとなります。三五歳でも遅くはありません。仕事を継続したまま人生の重要な一ページをめくりませんか？

意識改革と視点の整理に役立つ大学院を社会人全員が卒業する時代へ

タイトルは少し大袈裟ですが、実務に携われる年齢が延び、様々なキャリア形成の環境が整い始めている今の時代は、描ける夢も多様化してきました。

僕は本書の目的とは別に四八歳からの二年間、多くの人が一時休職や退職をして大学院で学ぶ時代が到来することを願っていろいろと活動をしています。

年金受給開始年齢を七五歳にするということを念頭に置いての活動ですが、キャリア形成の多様性は様々な分野から後押しされるように進化しています。三五歳でも早すぎません。選択肢の広さを少し俯瞰してみましょう。

大学院というのは修了後に修士号が認定され、以後修士課程修了という肩書がつきます。肩書など価値が無いという方もいますが、ライフプランの実現のための一過程としてこういう研究に時間を割き、知識経験を蓄えるということに価値があります。取得がゴールではありません。そこからが新しいキャリアの始まりです。一つの区切りという点からみても理解しやすいのではないでしょうか。また区切りといったことを意識しないで、自身のライフプランの一過程（点）にすぎない程度の認識を抱く方もいらっしゃるでしょう。

いずれも、自分の描く自分のライフプランの一イベントということになります。僕は区切りの、それもかなり大きな区切りのイベントだと思うので、もう少し光を当て、自分を次に進ませる大きなエネルギー源だと学位を評価しています。

また院での研究は大事な人的ネットワークを築く場でもあります。僕は昨年二〇年ぶりに院時代の仲間とヘルシンキで会いました。ロンドン時代、彼は判事を辞めて留学して、帰国後金融機関の社長を経て現在はファミリーが創立した会社の社長として会社をフィンランドを代表する規模にまで大きくしたのでした。

そしていよいよ日本との仕事を始めるというので、僕と会いたいと連絡をくれたのです。

院のことやネットワークのことを僕はこの著書の中で何度も書きますが、本当に価値あるものだと思います。

小学校や中学校時代の仲間からはその広範囲でユニークな刺激を受けて、高校や大学は似たようなキャリアを歩んでいるだろう仲間からのメッセージやネットワークを得させてもらい、そして大学院となるとピンポイントでの相互扶助のようなことが可能になります。

今都内にある大学院で社会人が仕事をしながら通えるところはたくさんあります。しっかりとプログラムをチェックし、教員をチェックし、評価を調べ、会社勤務しながら取得したい学位やネットワークづくりを進めてみるのも楽しいことです。

大学も淘汰の時代が始まりました。その過程で彼らがどう変化するのかを見極めてください。注意すべきは、内容も充実していないのに看板だけを取り換えただけの詐欺的な変身アピールをする大学です。

自分が学んでそれを将来に生かそうと考える時に、何に優先順位をつけるのかを自身で考え、評価し、実行に移してください。

僕が大学院への社会人入学を勧めるのは、そこでの意識改革と視点の整理に大いに役立つからです。

六限目に通常配備される科目から出席可能になりますが、そのために考えることは、仕事のけじめをしっかりつけないと気持ちよく大学院に通えないということです。

そこで全力を使って時間厳守のために仕事も管理するようになります。このプロセスが実はとても有益なのです。

当然朝の時間の使い方にも配慮するようになるし、仕事の進め方そのものにも知恵を絞るようになります。

後にずらすことはできなくなります。追い込むことで知恵もノウハウも生まれます。人的ネットワークの価値も上がります。お願いばかりでは続かないからです。いい意味で自分の潜在脳力を引き出すことになるのです。

このけじめのための全力思考は、繰り返すことでライフスタイルにも大きく影響します。たかが月曜日の夕方三時間だと思わないでください。

その三時間の講義に参加するために巡らす先には一年後の成果もあれば、五年後の自分が果たす夢の姿も重なって見えるのです。

たかが三時間ではありません。そして一度だけの三時間でもないのです。毎週の三時間なのですから、ごまかしはきかなくなるし、腹も腰も据えて対処しなくてはいけないことなのです。

しっかりと心配することなく三時間の講義を受けられるということには、本当に多くの汗と努力の結晶が詰まっているのです。その陰で自分のせいで不幸に陥れているような人がいたら継続できませんよね。笑顔いっぱいの講義受講とならなくてはいけません。

そしてさらに付け加えるならば、講義後のネットワークはこれまでにない新たなつながりです。僕も講義を終えてからは社会人のメンバーとは一緒に夕食をいただきました。それは参加者みんなの貴重な財産となっていきます。

意図的にネットワークを開拓する先に述べたものとは全く違う連帯感が生まれます。それが大学院に通う最大の付加価値となります。おそらく同志的結合体にまで発展するでしょう。

そういう自然体で生まれたネットワークは永遠です。間違いありません。

肩の力を抜いて大学院を選ぶ

日本で仕事をしながら大学院に通う場合、まず社会人として夜間と週末の通学だけで単位取得できるところが最適な大学院となります。数多くできていますが、代表的な四校をピックアップしてみました。

詳しくはそれぞれの大学のＨＰをご覧ください。そして資料をご請求ください。

母校をまず思い浮かべる人もいるでしょう。現実的な評価を優先する人もいるでしょう。しかしいつも原点に立ち返って、この勉強は自分のライフプランのどこに位置づけされていて、どういう成果を期待しているのだということをいつも自分に投げかけてください。その答えに窮するようでは間違った選択をしているということですから、軌道修正しなくてはいけません。

そしてもうひとつ大事なことは、検討、検討だけでアクションをとらないということは無駄な時間を過ごしていると思ってください。検討に一年かけることもあるのでしょうが、決断したら即実行することが大事です。

こういうノウハウ本からヒントを得たらすぐにアクションをとらないと無駄な時間になる可能性が大です。

計画に時間をいつもかけて何も行動しない人を何人も見ています。最悪です。アクションをとりながら修正もできるのですから、とにかく中長期的な自分のプランに基づいて自分のペースで進み続けることが僕は最重要だと思っています。

歩きながら考えるということを何度も自著で書かせていただきました。その裏には自分で描いたライフプランが手元にあるからできるのです。三五歳のあなた、まだまだ先が長いのですが、あなたのプランは手元にありますか？　いつでも見ることができますか？

俯瞰する行為は自分を振り返る行為です。一日五分でもいいのです。そこで信じることを再確認して、そして信じる神に感謝を捧げて一日を終えるという習慣を身につければ、今自分が実施していることをスムースに受け入れることができるし、軌道修正もいとも簡単にできるようになります。

心構えだけではなく、「見える化」を実施してみるだけで、心の安寧がえられるのです。そういうことで、僕は大学院を勧めます。これまでの不足するものも見えることになるし、何よりも貴重なパートナーとの出会いの機会が飛躍的に増えるからです。是非挑戦してみてください。

日本における社会人を受け入れる大学院のほんの一部紹介

テンプル大学日本校
https://www.tuj.ac.jp/jp/about/japan-campus/index.html

英国ウェールズ大学日本校
http://habs.athuman.com/mba/lp/

早稲田大学 大学院経営管理研究科
https://www.waseda.jp/fcom/wbs/about/overview

国士舘大学総合知的財産法学研究科総合知的財産法学研究科
http://homepage.kokushikan.ac.jp/chizai/

研究機関を選ぶ

さて大学院という選択肢の他にも、自分が目指すスキル上達や経験を積み上げる期間はたくさんあります。その一つが研究機関です。

政府系、民間系などいろいろありますが、かかる機関での民間人の受け入れ態勢や、成果物の内容など、チェックするべき項目はたくさんあります。

僕がこれまでお付き合いさせていただいた機関ではフルタイムで参加を受け入れてくれるところは少なく、テーマごとにいろいろレポートを発表するというプロジェクトへの参加が最もケースとしては大きく、また負担のない活用方法かと思います。

今自分が描いている計画の中で日本国内或いは外国での機関で、研究に参加するという立ち位置の大げさな契約を結ぶというより、テーマごとにいろいろと会議に参加したり、セミナーを企画したり、海外からの専門家を招聘してレベルや意識の高いセミナー開催に協力したり、さらに自身の考えている研究テーマでの論文の寄稿など、実に多くの参加形態があります。

それらは、まず自身の研究や興味あるテーマを整理して書き出し、これまで自身が発表したものを位置づけ、そこから得たネットワークを図式化して見える化させることで、かかる機関の内部の方々との協力関係を構築することになります。

イメージすることが難しければ、僕自身のこれまでの活動を少し紹介します。僕の場合には国際取引に関連するテーマが研究課題でしたので、それに関係する機関は容易に書き出すことができました。整理すると以下のような流れになります。

〈1〉自分が興味を抱くテーマをまず選定する（実に大事な作業です。あなたの将来を左右するほどの大切な作業であることを肝に銘じてください）。

〈2〉次にそのテーマから生まれる自分の作業を書き出します。具体的には：

①テーマごとに何をすべきか？　論文執筆・連載執筆・短発トピック執筆など。

②それをゆるやかな形でセミナー、勉強会などを運営するための組織化の提案

③かかる部会で生まれた研究成果の整理と発表

④紙媒体があれば月刊誌などで連載スペースを確保

⑤さらに単行本や報告書の形で世に問うアクション

このような活動と並行してあなたのこの分野での立ち位置が決まり始めます。それが研究成果です。重要なことは、公私にわたり自分の立ち位置が明白になるということは、次のステップに登り始めた時にふとした間違いに気付くということが最大のメリットになります。

さらに成果物は、自身のキャリアマップにどんどん書き込めるので、三五歳で描いたさらに先を見据えた地図がどんどんと埋まっていきます。得られる満足感も半端なものではなくなります。

とくに社会的な影響というファクターも入ってくるので、モチベーションが上がること

も間違いありません。

研究機関は発表の媒体を持っていることが多いので、自身の研究や議論したことが活字媒体として流れることは、会社員としての立場での研究成果発表の場としては最高のものだと思います。

また日本での研究成果の発表などは次のステップに繋がります。

①日本で発表する。
②日本での発表内容をそのまま海外の媒体で出すことは両機関の了解事項になりますが、そうではない自身の意見などとしてエッセンスを提供することは価値があり、また紙面をいただいて英語で発表することも価値があります。
③外国機関と日本での活動を支援するレベルにまで自身を格上げできれば申し分なし。
④日本で出版されている英文媒体も活用すべきです。英字新聞・海外の媒体の日本版など。彼らは情報に飢えていますのでホットトピックについてはどんどん提供すべしです。メディアとのネットワーク作りは、外国人記者クラブに出入りするなどして交流を深めてください。
⑤セミナーなどで来日される海外の著名人との交流を図る。名前がわかれば連絡は取れ

ますので、自己紹介を兼ねてアポ取りします。先方も予定を全て埋めまくって来日するわけではないので、正しく声をかけたら喜んで会っていただけるケースが多いです。

海外での論文や意見を発表するという行為ですが、意外と広がりは大きいのです。まず、自分の名前を英文で yahoo に書きこんでみてください。

海外での寄稿のことがすぐに表示されます。そして名前と研究のキーワードを頻繁に検索することで、自分がこういうテーマで研究している日本人だということを広くアピールすることができます。

日本の論文でも必ず英語表記も同時にしておいてください。

いろいろと学者や編集者からの問い合わせがあり、そしてそこからまた新たな繋がりネットワークが広がります。

海外留学という選択

海外留学というのは資金的な面からも制約があります。しかし魅力ある選択肢の一つです。もし環境が許すのであれば飛び出してみてください。

三五歳で自費留学というケースは僕の周囲では多くはありません。日本では一個人が海外留学をするのに整備されている奨学金制度は聞いたことがありません。

企業内留学制度があれば、是非利用を検討されたらいかがでしょうか。企業により制度が違うでしょうから、条件や帰国後の扱いなどを十分事前にチェックすることが重要です。

企業の内部制度なので会社のＨＰに公開されることはないので、あなたの会社の制度を調べてみてください。事前に準備すべきことは

① ライフプランにおける海外留学の位置づけ明確に記載すること。
② 留学先選定の理由と研究テーマの書き出し。

③ その研究テーマの将来の活用方法。
④ 会社に勤務することとライフプランとの関わり。
などです。

基本的なスタンスは国内留学と変わりませんが、国内留学が仕事と並行してできることと、会社とは原則切り離して独自の判断と行動力で実行できるものであるのに対して、海外留学は自費の場合には退職後のプランと合体させて総合的に判断しますが、企業留学の場合にはそこから生じる制約を理解しないといけません。

企業内でエリート意識にひたれる程度では行く意味がありません。はっきりと目標を設定して、制度を利用する意味があるかどうかの決断となります。

最近は、帰国後五年勤務すれば自由に辞められるから、という理由で割り切った考えも持つ人も多いことでしょう。辞めずにライフプランが完結するならそれは素晴らしいことで、迷うことなく行ったら良いと思います。

留学先の選定については、ライフプランに沿って決めることですが、僕の時代にはＭＢＡと法律分野での留学が多かったのです。人事部の方針もあるのでそれに従うしかありませんが、なぜそこを目指すのかはじっくり計算してください。説得できるものが無いと通らないと思います。

本書では海外の留学先情報までは書き出せませんので、各自でしっかり情報を収集してください。ＭＢＡやロースクール以外の大学院の場合には、特に目的を明確にする必要があります。

最近はＩＥＬＴＳがメジャーな試験に採用されています。その内容は運用している公益財団法人日本英語検定協会のホームページをごらんになってください。

特徴とメリット

http://www.eiken.or.jp/ielts/merit/

試験内容

http://www.eiken.or.jp/ielts/test/

三五歳にとっての有期雇用のメリット・デメリット

さて原点に帰るような議論ですが、雇用制度そのものを自分のライフプランの中で考えてみましょうか。生活の安定という視点からは、昨今の風潮は非正規社員を正規社員の採用に切り替えろ、といったキャンペーンをよく目にします。

ここでは労働者派遣については不要かと思うので、労働者契約法の最近の動きを厚生労働省の資料から整理してみましょう。

特に三五歳の読者の方が目につくのは専門的知識等を有する有期雇用労働者の取り扱いに関するものでしょう。

厚生労働省のＨＰ（http://www.mhlw.go.jp/stf/seisakunitsuite/bunya/koyou_roudou/roudoukijun/keiyaku/kaisei/index.html）をごらんになって下さい。

また第二期のライフプランニングを考えていらっしゃる方には後半の定年後引き続き雇用される有期雇用労働者に対する労働契約法の特例の中身ではないでしょうか。

現在通常の雇用契約において採用されている方々が、ご自身のライフプランニングを策定する際には、労働者の正規採用を推進するという法律の改正の動向はどれほどその決断に影響を及ぼすかは不明ですが、ベースとして日本の動きを知ることは重要なことです。

一般論的には労働者をサポートするスタンスに立った改正ですので心配はいりませんが、あなたが描くこれからのライフプランの中では会社依存というのは逆にマイナス要素として働くことも多いので、発想の原点としては一種の保険条項とし把握しておくべき内容であると思います。

むしろこれまでの無期雇用から有期雇用を検討するケースも多いです。僕の最初のステップでは新規提案会社の子会社化ということで社員としての地位は変更ありませんでした。第二次ステップでは完全に会社を離れるにあたり大学教員と言うことで大学教員として採用され社会保険等に加入しました。

その後第三次のステップでは弁護士会の国民健康保険などに加入しています。その中で時間のやりくりをしながら、自分のやりたいことを実現するというやり方です。一種の保険をかけながらのダイバーシティー活動でした。

一気に企業設立であればいろいろな社会保険制度があるのですが、そうでない中途半端なままでのダイバーシティー化の場合には保険の設定を考えないと踏み出せないことも多々あります。そこが一番悩ましい点であろうと思います。

独立は気持ちいいものですが、家族に不安を与えないために何をすべきか、検討しなくてはいけません。

修士についてはあせらずに取得すればいい

三五歳の働き盛りの方々へのメッセージとしてこの本の企画を出版社に皆さんと相談させていただいた時に、僕の中ではただキャリア開発のためにはこういうことやああいうこともあるよ、というメッセージではつまらないと思いました。

そしてそれまで構想を固めていた「人生は七五歳まで現役だ」という大きなテーマの中で、今第一次働き盛りのど真ん中にいる三五歳世代へのメッセージを構想させていただきました。

次の章では五〇歳からの第二期社会人時代を述べますが、大学院はいつの年代であっても学ぶべき場所ですのでいつも心の中に置いておいてください。

ご主人がお医者さまで、大学病院からアメリカに研修に行かれた時に奥さまが同行され、ご主人が仕事の合間にワシントンで修士課程を終えてしまった方がいました。お見事な時間活用でした。

パートタイムの学生であればもっと気楽に通える環境が整う場合もあります。これまでに多くの方がこういう経験を書かれているので、今では修士については焦らずに取得する方が増えています。

となれば僕が本著で提案させていただいた研究員の仕事とか非常勤での他団体での研究活動参加などは、いつもの一週間の活動の中で十分に実践できるということになります。

実際国内でのこういった活動は会社を休むことなくできるのですが、海外となると負担は大きくなることは否めません。海外の機関の在日事務所での活動はそういった制約の中で考え出されたぎりぎりのアイデアです。が、その数や機関の種類は限定的なのは仕方ありません。

同時に自分らしいキャリアパスを描くという観点からは、三五歳の時点がベストかどうかはともかく、ある時点で人生のリセット目的で全く新しい分野に挑戦することも素晴らしいことだと思います。

そもそも四八歳で第一次定年を提唱した裏には全く新しい分野で自分のキャリアを構築するという目的が半分ありました。

切り替えが半分、キャリアアップのルート上での大学院が半分でした。どちらの道を通過されるかは、それまでの人生の中でやりたいことを選択してください。

とにかくわくわくするような気持ちになることが一番大切です。高く売るということだけを考えれば、第一期の延長線上がベターと思います。

しかし五三年という長さを考えて、やりたかったけれどできなかったことをするというのも大切にしたい気持ちです。そういう気持ちを応援したくて、この構想をずっと温めてきました。

この春に卒業を迎えた学部生、院生のみなさん、これからが始まりです。あなた方の生き方が前を行く三五歳の方々に大きく影響を与えることになります。

さらにその上の僕らの世代もまだまだ元気に頑張らなくてはいけません。生涯現役、早くても七五歳からの年金受給を実現させるべく、楽しいライフプランを今一度書き出しましょう。

大事なことは書き出して、それを毎日唱え、実行し、継続して、実現させることです。タブレットにしまいこんでいては忘れ去ります。都合よく忘れてしまうのです。紙媒体に書き出して、毎晩寝る前に唱えると忘れません。宗教的⁉ 自分教でいいのです。自分が自分教の教祖なのですから。

五章

早く始めれば、この黄金期がもっと延びる

すでに多くが六五歳以降を戦略的に考え、チャレンジしている

僕が第二期社会人時代（五〇歳〜七五歳）と提案させていただいているベースにある考えは、健康で元気な六五歳定年退職者の方々があまりに多く、また六〇歳に到達した時点で六五歳前の雇用契約を更新することを助言する過程で、本当に多くの方々が六五歳以降の人生を戦略的に考えておられるのだなあと強く感じたことが、そこに至った一つの理由です。

会社の同期入社のメンバーの中には六〇歳でさっさと辞めたメンバーもいるのですが、年金生活に入り何もしていないメンバーは少ないのです。皆いろいろと考えを巡らせて、サラリーマンではできなかったことを具体化しているのです。

これから少し、企業定年後或いは定年前の時点でプランを現実化してチャレンジするメンバーの具体例を見てみましょう。

僕自身の切り替えについては人生五年毎の計画表と実績表を二一三頁に掲載しているので、一つの例として参考までにご覧ください。お名前はＡＢＣ表示とさせていただきます。

ケース1 Kさんの例

六六歳で外資系企業日本法人社長を退任し独立。四人で外資系企業への経営コンサルタントとしてスムースなスタートアップ

Kさんは三〇代から外資系の企業の日本支社に勤務しています。四〇代になった時には日本法人の社長を命じられ、かなりの規模にまで売り上げを伸ばしました。辞める時には年商は六〇〇億円を超えるレベルに達していました。

社長という立場なので雇用契約の内容は毎年の株主総会で提示され、ボーナスパッケージを含めてかなりの年収を得ておられました。

ある年の株主総会後に会社が行うM&Aの計画を見てKさんは、そろそろ引き時ではないかと感じ、六六歳で独立を決意しました。独立の計画はおそらく前から頭の中で湧いていたものだと思いますが、これまでの経験を活かして外資系企業への経営コンサルタント業務を始めました。

この時の事業計画は経験をベースにかなりＩＴの特殊分野に特化したものを掲げ、株式会社として業務開始しました。

パートナーとしてやはり同社を退職したメンバーに加え、従来同業種で付き合いのあったメンバーを二名採用（五〇歳と五二歳で営業とコンサルを担当）し四名でスタートしました。

経験業務延長線上での強みを生かした起業となりました。前社とも円満退社でのパッケージに署名したので、スムースなスタートアップとなりました。秘密保持などの協定に注意が必要なことがあります。

ケース2　Mさんの例

五五歳で三三年勤務した製造業から早期退職。早期退職金積増し制度による六千万円の退職金を元に長年構想してきた山小屋風ロッジを長野県に建設。五部屋の山小屋風ペンションを家族で経営して一〇年。

Mさんは五五歳まで三三年間製造業に勤務しました。まだ定年まで時間がありましたが長年自分が構想してきたことを早目に元気があるうちに開始したいという気持ちが強まり、夫婦でデザインした山小屋風のロッジを長野県に建てて、五部屋の運営を山小屋風ペンションとして営業を開始して一〇年になります。

彼のこの構想は彼自身が料理が好きで、いつかレストランを経営したいという考えを持っていたので、家族で話し合いながら、早期退職をしたのです。

当時はこの会社は早期退職金積み増し制度があり、約六千万円の退職金を得たうえで新規事業を始めました。

サラリーマンの計画としては堅実なやり方で、こういう早期退職制度をうまく利用して、その後の計画を実現することは資金的にもまた体力的にも無理が生じない、よい方法ではないかと思います。

部屋数は少ないのですが、年間通して客があるのと、会社の同僚たちがよく来てくれるようです。家族を巻き込むこういう新規事業は夫婦の会話がとても大事であると思います。共通の趣味があるということが成功のベースにあると思います。

また会社時代の評価も仲間たちの利用に影響を及ぼします。

何だか昭和の香りがする新規事業に感じます。笑　失礼！

ケース3 Tさんの例

会社員時代アメリカの大学への留学を経験して四〇歳で大手企業を退職。
友人の起業した年商五〇億の会社を引き受け、大手企業からの出資を募り、年商三五〇億円に。
現在五三歳。

Tさんは四〇歳で大手の企業を退職しました。会社員時代アメリカでの生活やアメリカの大学への留学も経験して、まるでMBAを絵に描いたような一八年を過ごしていました。彼の次の一手は企業を上場させる仕事を始めたい、ということで四〇歳での決断となりました。

そのビジネスモデルは彼の友人が考えて始めたもので、彼が参加した時には年商はまだ五〇億円でした。その後この事業から彼の友人が撤退したため、彼が社長に昇格して拡大路線をとりました。

大手企業からの出資を募り、五社からの支援を実現して、現在年商は三五〇億円です。この会社はＩＴ導入をそれほど全面には出しませんが、物流の効率化を実現するビジネスモデルで、前任の社長も彼もアメリカ留学時代に議論をして今の事業を始めたという歴史があります。

典型的なＭＢＡホルダーの起業モデルだなと感じました。

また出資を仰いだ企業はやはり伝統的な事業形態からの脱却を考えている企業群で、これからの連携をどう考えるか、悩ましいところではないかと思います。

彼にはまだ上場の意思があまりありません。今後を見ていきたいと思います。彼は現在五三歳になりました。

ケース4 Kさんの例

三〇代の時、仕事をしながら国立大修士取得。その後博士課程終了。時代の最先端を行く五社に勤務。五〇代で起業化の準備。常に最先端の新規ビジネスモデルの追求。母校での教授職も含めてライフデザインしている。

Kさんは最初の企業への入社時点から現在（五〇歳）になるまで、とにかく時代の最先端を行く企業に五社勤務しました。これを彼は最初の入社時点からきめていたようで、インタビューをした時にも方針のぶれは感じませんでした。

彼が三〇代の時に夜間週末で某国立大の修士を取得して、その後博士課程を修了しています。仕事の中断をせずに大学院を出ることは先に述べましたが、そういったことを現実に実践しているようです。

五〇歳になってからは起業化の準備を始めましたが、社長をやる気はないようで、社長は仲間が、自分はナンバー2でいいというスタンスです。実際彼が勤務した五社はいずれも伸びていて、在任中あるいは卒業後に上場を果たしています。

これからの一〇年についてKさんは継続して仲間との会社経営を進めているのですが、常に最先端の新規ビジネスモデルの追求という点に変化はないようです。

僕の推定ですが母校での教授職も含めてライフデザインをしているように感じます。最近の教授職は特任教授、客員教授など企業経営をしながらの兼務も多くなっているので、研究活動と教育活動と事業推進を同時に行える環境にあります。

彼はこういう生き方も選択肢に入ってきます。多様性の時代ですね。

ケース5 Sさんの例

一貫して出版業界で活躍。雑誌の名編集長、社長としての成功。その後六〇歳からは二〇〇冊を越える本を執筆、ベストセラーも多数。八〇歳を過ぎてから出版社を起こし、エネルギッシュに活動中。

Sさんは現在八七歳です。六〇歳までは有名な編集者で、雑誌の立ち上げもいくつも成功させています。大学卒業後出版社に入社し、退職までは単行本、週刊誌など様々なものを編集者、編集長、そして社長の立場で成功させて来ました。

六〇歳を過ぎてからは自身著者として単行本を書き始めます。ベストセラーも多く、二〇〇冊を超える本を執筆され、八〇歳を過ぎてから自身の出版社を設立して、新しい才能の発掘を継続して今も現役でいらっしゃいます。

七五歳というけじめを超えてこのまま何歳まで現役でがんばっていくのか想像がつきませんが、僕にとっても最高のロールモデルでいらっしゃいます。

これまでの社会人生活六五年の中で、会社はいくつか変わりましたが一貫して出版という業務を中心に据えています。

その過程で自分自身の足跡をしっかり残し、八〇歳過ぎてから経験を生かして新しい才能の発掘というのはある意味最高のロールモデルであります。

さらに今の出版社の勢いがすごいのです。経験を生かした人材の発掘スキルが半端ではないので、毎月発表する新刊が待ち遠しく感じるほどです。

パートナーの選定と若手編集者の発掘もすばらしいものがあります。

一〇〇歳まで現役を続けるそうですので、折に触れてご紹介します。

ケース6 TSさんの例

四〇歳である特殊な分野の会社を辞め、経験を生かした企業への転職。六〇歳からは自分のコンサルティング会社も設立。それまで五社の会社の役員として同時並行で活動。ネットワークを生かし七五歳まで継続予定。

ＴＳさんは大学卒業後からある特殊な分野の専門家を目指してきました。途中留学や研究機関での研究などは経験されていません。七〇年代にこの会社は就職の希望先としては常に上位にあり、いまも変わらず人気ある会社です。

彼は四〇歳で会社を辞めて、それまでの経験を生かした企業への転職を企画して実行しました。六五歳になるまでに企業の役員として勤務した会社が五社、また六〇歳からは自分の会社を設立して、自社（コンサルティング業）社長と同時並行で数社の役員を様々なポジションで並行活動を継続してきました。

これからの計画ですが、自社の社長という立場でのコンサルティング業務は今後七五歳まで継続して、同時にある技術の日本市場への進出を希望する外資、国内企業を支援するというスタンスに変更はないようです。

彼の強みはネットワークです。最初に入った会社が世界的な企業で、そこから始まった付き合いの相手が皆、有名企業の幹部なので、意思決定が早い交渉を行うというのが彼の会社の最大の強みです。

ＭＢＡホルダーではありませんが、ＭＢＡネットワークの典型的な成功モデルを垣間見る思いです。最初に川上企業に就職するメリットを感じるケースです。

ケース7

Hさんの例

銀行マンの彼は三〇歳から経営コンサルタントなど独立型の職業に向け準備開始。
独立の前に仮名で書いた本が五〇万部のベストセラーに。会社とは円満退社。
数々の本を書いた後、四〇歳でファイナンシャルアドバイザー業に。
現在個人会社の社長。

Hさんは銀行マンでした。大規模銀行ではありませんがそこそこの規模を持つ地銀で安定経営をしています。彼は僕の判断では元々銀行員にはあまり向いていない性格だなとは思っていたのですが、案の定三〇歳からいろいろと準備を始めました。

彼にとっての準備は経営コンサルタント、経済アナリストというような独立型の職業を考えていたのですが、思わぬ運命が彼を襲いました。

彼がペンネームで出した本がベストセラーになってしまったのです。本を書くことは元々好きで趣味が高じて出した最初の出版本が五〇万部も売れてしまい、それで一気に退職計画が進みました。

会社とは円満退職で、その後の五年間は執筆活動に専念して、数々の本を書き、その分野では結構有名になりました。彼の経験とネットワークから、時代小説は無理でも現代の金融関連の内容の小説であれば十分興味深いものを書けました。

物書きとして一段落してから、次に四〇歳で金融コンサルタントとして個人の顧客を相手にするファイナンシャルアドバイザー業を始めました。

軌道に乗ってからは金融以外の方面でも講演会などを開くようになり、やがて世間ではＦＰ（ファイナンシャルプランナー）が人気の職業になり、今も継続して個人会社の社長です。

ケース8 Nさんの例

二〇代は有名ホテルのソムリエ。四〇歳まで夢であった芸能界デビューを目指して活動。
その後ユニークさを前面に出したレストランを経営。
一気に人気の店に。PRを一切しないで口コミ等で集客。現在六五歳。

Nさんは有名なホテルのソムリエでした。二〇代はホテルの中のメインレストランのソムリエとして働いていましたが、彼には夢がありました。芸能界デビューです。しかし売れることなど夢のまた夢であることもわかっていましたので、期限を決めて芸能活動をして、期限までに売れないことを知った上で、自分で計画通りにレストランを始めました。

四〇歳です。ホテルと芸能界での経験から彼のレストランはユニークさを前面に出したものとなり一気に人気の店になります。仲の良い仲間に厨房とフロアを任せ、集客と接客を彼が担当しました。

ステップを踏んだ投資を行い、五〇代で不動産取得とその中に店を移し、上階は賃貸して収入を確保します。

特にユニークなのは店のPRを一切しないことで、口コミだけで集客します。彼独自のネットワークを利用して、ターゲットとなる客の所属業界を二つ（業界名は教えていただきましたが公表できませんのでご了解ください）に絞りこみ、営業をかけます。何度も足を運びインタビューしましたが、その魅力は書ききれません。食べログにも掲載させず、来客も頭文字のアルファベットだけでブログに書いている状況です。

今六五歳になりましたが、しっかりと先を見つめて運営しています。

ケース9 Hさんの例

現在、誰も知らない日本の商品をブランド化して欧州で拡販する仕事を、四〇歳で移住したロンドンで成功させる。生涯現役を宣言して益々拡販している。現在六七歳。

Hさんは実にユニークな経歴です。大学卒業後大企業へは就職しないで小さな広告会社で経験を積んでから三〇歳前にアクセサリーメーカーを立ち上げました。

時代の波に乗り三〇名ほどの規模まで大きくして四〇歳で部下に会社を譲り、新規会社の設立構想をもったままロンドンに移住しました。

二年間は調査という名目ですが、自身の中ではきっぱりと一次人生は卒業と決めたので、株を売った資金で二年間は別次元にゆっくり身を置いて次の構想を練りました。

大学院では好きな講座を聴講する程度で修士号は取りませんでしたが、ネットワークは広がりました。そこで自分の強みを活かすネクストチャレンジを開始しました。

日本の商品、それも全く無名の地方の商品をブランド化して欧州で拡販する会社です。

ジェトロで現地採用された経験がある現地スタッフを雇い、欧州マーケットにて拡販する仕事です。

全く誰も知らない日本の地方の商品を数百単位で仕入れます。日本の地方のメーカーはびっくりします。それでも吟味した商品だけを取り扱うので数は少ないのですが、利益率は高い。

彼は六七歳になりますが、生涯現役を宣言して益々拡販を続けています。

ようやく今年日本にも事務所を構えました。

川上企業から川下企業の転職はうまくいく

川上企業への就職というのは、業界で一番上にある企業に最初に就職すると、その後の転職は川下に下るならば案外壁がなく、すんなり決まることが市場を見ていて感じます。

ＩＢＭに就職した仲間がその後辞めてＨＰ（ヒューレット・パッカード）に転職して、その後日本の中小のＩＴ業界に転職するというようなケースをさしますが、転職の度にポジションや給与も上がるという現象です。

どの業界にもある現象かと思いますが、その業界内で生き残るには役立つ豆知識程度に把握しておいてください。

大手商社に就職してからグループ内の関連会社、子会社、取引先企業などへと年齢とともに異動するのは本社が同期のメンバーで固まると彼らの同期に配慮して出向や転籍させるのですが、こういう現象とは全く違って、川下異動は戦略を強く感じます。

三五歳のあなたたちが転職を一つの選択肢として決めた時に、ポジションも給与も上がることは当然ベースにおいて検討すると思います。その時には川下選択は重要な選択肢になります。

社内やグループ異動であるならば通常の異動であって、もし社内で新しい夢を実現するために動くのであれば、自分が社長で出向く子会社設立くらいは考えて行動するとよいと思います。常に戦略的であれ！　です。

七五歳までは自分が描いたことを実行し、楽しくチャレンジし実現に向け歩き続けること

さてこれまでライフプランニングについて考えるということ、特に三五歳という働き盛りの方々を意識して書いてきました。

これからの長い人生を考えると、まだまだいろいろなことができるという自信がみなぎ

ってきたのであれば嬉しいです。

何人かの例にもあったように、特に目新しいことではなく次に書き出したようなチャレンジを紹介してきました。

その人の性格によっても夢の内容は大きく左右されます。企業化してそれを大きく上場まで引っ張るという性格の人もいましたし、ひっそりと小説家になる人もいます。

他人はおそらく収入面でしか成功や失敗というものを議論しませんが、本人の中では規模や利益ばかりが成功失敗の要素ではないことを十分理解しています。

大事なことは楽しくチャレンジするということで、七五歳までは自分が描いたことを実行し、実現に向けて少しずつ歩き続けると言うことが最高に楽しい人生の歩み方ではないかと思います。

●新規の仕事へのチャレンジ
●今までの経験を生かしたチャレンジ
●人生のリセットへのチャレンジ
●高度専門職への切り替えチャレンジ

●研究職や教授職への切り替えチャレンジ

「ブルーカラー」「ホワイトカラー」といわれた時代がありました。もう定年退職まではリセットなど無理で、色分けされた社内で頑張った時代がありました。今も何もアクションをとらなければ変わっていない世界がそこにあります。

しかし計画を立て、実行するとそれまでは見ることがなかった世界が、目の前で広がっていることはわかっています。

社会人経験を学部相当と判断してもらい、好きな大学院で研究して修士を取得し、その後起業をして、たった一つの町工場で生まれるような世界的な技術を利用した商品開発を行い、ウェブを通じて世界中に商品を売る。

黙っていたら一〇年後は一方では退職準備、一方は海外進出と会長職を兼務する人気ビジネスマン。どこでこの差が生まれるかは、決断した夜に同席していないとわかりませんね。

小学校の同級生たちのその後を追ってみるのも面白いことです。実にユニークな経験を積んでいる人たちがいます。大学の仲間との会話では想像できない世界がそこにあるのです。

簡単なことです。同窓会の幹事を引き受けるのです。仲間との連絡を駆使して、是非開催してみてください。

特に公立小学校はいろいろな家庭の子供たちが集まるので社会勉強になるといわれ、社会の縮図のように評価する人もいるほどです。そこで集まった彼らと話をするとその活動範囲は相当広いものとなるでしょう。

高校の卒業生などおおむね想像できる会社のメンバーばかりで面白くも何ともありませんが、公立小学校は目が点になるような驚きのキャリアに出会えると思います。

もちろんその中から一緒に何かを直ぐにやろうと言うような関係を持てるメンバーがいるとは限りませんが、会社生活で画一化した頭をほぐすには最適の場かもしれません。

なぜなら、彼らの来た道は知っているので、その後の行き先については興味深く真剣に想像を膨らませることができるからです。ヒントがそこにはあるのです。

気づきのヒントです。

僕は自分の性格なのでしょうが、初めて会う全く知らない人と数分で心を打ち解けさせせ、プライベートな話を始めることがあります。それもかなり突っ込んだ会話を交わし、その後も定期的に会うようになることが頻繁にあります。

つい先日も行きつけの寿司屋さんで隣席の三名と話が弾み、その中の一人が近々開業すると言うので税理士を紹介して開業前に貴重な助言を得られたと感謝され、また店がオープンしてからは、この時同席したメンバーとお祝いに駆け付けました。

この手の話は結構多くて、いつか一冊にまとめてみたいと思います。新神戸まで隣席にいらした方は関西の大手企業の会長さんで、その後亡くなられるまでプライベートなお付き合いをさせていただきました。

二時間半はとても長い時間で、相当なテーマを議論できました。きっかけは寝落ちした会長さんを起こしてアイスクリームを食べたことでした。

町を歩いていると実にいろいろな場面に出会います。年をとるとこの出会いは神様がセットしたかどうかが大体わかるようになります。袖触れ合うも他生の縁、というようなことを肝に銘じておくと気持ちが穏やかになります。

そう考えると、今やるべきことができているかという質問を自分にしてみて、素直な気持ちで答えを書きだしてみてください。

もっともっとできる気になりませんか？　あとは実行力次第です。

背中は僕がいつでも押してさしあげます。いつも近くに夢を書いて思い出してみてください。

新たな出会いさえもあなたの応援団です。

僕の歩んできたキャリアアップの例（二三歳から六五歳まで）

第一期　二三歳～二七歳

大学卒業後に製造業に入社　広島県に勤務　新入社員時代は原料課配属

〈戦略〉配属先については国際貿易時代の最重要な商品である鉄鋼原料を通じて国際取引法の原点を学ぶと同時に商社ネットワークを構築する。

〈学習〉通信講座による英語の勉強と現場での外国人との交渉を担当させてもらう。留学を人事部に直訴する。

第二期　二八歳～三二歳

ロンドン留学とその後の東京本社で海外法務室勤務　海外出張の日々

〈戦略〉海外出張で知り合った弁護士や仕事仲間とのネットワークを構築する。また会社が会員となっているシンクタンクや研究会への積極的参加を実現する。

〈学習〉英国での勉強の他、帰国後は国際法関連の諸団体と交流し記事を書く。

第三期　三三歳～三七歳

自分で探したカナダBC州政府東京事務所勤務と同時に夜間は都内事務所で業務

〈戦略〉カナダ情報のメリットは会社に提供し、また自身が数年後に会社に提案する新規事業の基礎を固めてから、会社の子会社化を実現する。

〈学習〉国際ビジネス法の基礎分野の構築とその成果の発表を学会、雑誌に発表する。

第四期　三八歳～四二歳

会社との合弁の運営をメインに、研究所での研究活動と執筆活動に専念

〈戦略〉国際的なネットワークを構築し、大学での教職のために準備を進め、非常勤で各大学や講演会を多数実施。著書が三〇冊を超える。

〈学習〉ライフスタイルの分野と法律の分野での研究を通じて発表する。

第五期　四三歳～四七歳

二〇年勤務した会社を辞め、大学教授となる。論文発表と実務家ネットワークを開拓

〈戦略〉常勤の大学に加え、国内の客員教授を増やす。サバティカル休暇を活用してカナダの弁護士事務所で国際業務経験を積み執筆活動に注力する。

〈学習〉国際取引法の分野の確立に注力する。

第六期　四八歳〜五二歳

弁護士登録をして教授としての活動と弁護士活動の調和を図りながら実務と研究の推進

〈戦略〉弁護士としての特徴を模索するうえで必要な知識の吸収に加え顧問業務開拓を進める。弁護士業務と国際企業経営の経験を同時並行的に積み重ねる。

〈学習〉海外の企業が求める実務中心の法務経験を積み上げること。

第七期　五三歳〜五七歳

大学を退職し、教育関連は全て客員業務として、弁護士業務にシフトする

〈戦略〉弁護士業務の傍ら、英国のクランフィールド経営大学院の客員教授就任と琉球大学ＬＳでの講義を含め沖縄・イスラエルに特化した活動を開始する。著書が五〇冊を超える。

〈学習〉沖縄の特殊性とイスラエルの経済拡大への貢献を模索する。

第八期　五八歳〜六二歳

教育、弁護士、経営の三部門でのワークバランスを検討する

〈戦略〉大学の拘束から離れ弁護士業務と国際企業経営に注力することで新規顧客開拓に注力する。ＩＴ業界を通じて業務の特殊性を追求する。

〈学習〉ＴＰＰ、新技術の日本市場進出のアシストに必要とされる知識吸収

第九期　六三歳〜現在

教育、弁護士、経営の三部門でのワークバランスを更に追求中である

〈戦略〉模索中

以上のようなプロセスを経て現在の僕があります。

これからの業務の中には、若い人たちへの応援というのがかなり大きく、自分で進めなくてはいけないテーマとしてあります。

言い方を変えると顧問業務がさらに増えることになると予想しております。

国内外のネットワークバリューの最大化戦略

自身のライフプラン策定力やそのための遂行力に関連して以上いろいろと書かせていただきました。最後に伝えたいことは、ネットワーク力の結集です。

あなたがこれまで出会った方々との交流を通じて、あなたからもパワーを提供すると同時に、仲間からもパワーやアイデアをいただくことができれば心強いものとなります。

この点に関して僕は既に『人生を変える人脈作り』という本をダイヤモンド社から出しているので、もしよかったら参考にしてください。時間は経過しましたが、エッセンスは何一つ変わっていません。

ただ当時に比べて通信ネットワークが飛躍的に進化しているので、そういった意味ではもっと短時間で効率よく交流ができる時代になっています。

三五年と言う期間は、社会人となってからは一三年ですが、人生を俯瞰すると小学校時代のネットワークまで加えると既に二五年以上の交流があります。

計算づくしでは面白くありませんが、ヒントを得られる場はいくらでもあると思います。先程、僕の五年ごとの活動の要約を書きましたが、社会人が始まってからでも相当な名刺交換をしていますし、また社外での繋がりもたくさんできていると思います。

実際に力になってくれる、また楽しい時間を共有できる人はそう多くなくていいのです。ワンパーティー一人、等と書いているくらいですから、少なくても強力な助っ人がいれば、こちらは百人力です。数などはくそくらえ、です。大切なのは質です。素敵な仲間と夢を実現する素晴らしさを是非経験してください。

今、僕は夜半にフェイスブックの仲間の今日の情報をチェックして、意見交換したり、情報交換したり、少人数の仲間のスレッドを立ち上げたりして、日々の活動を埋めています。FBなどのツールでの交流は本当に大事なものです。

そして交流の成果をきっちり目に見える形で築き上げていくことが、次の目標へのプロセスにおいて、見える化を実現するために必要なのです。

何でもかんでも甘えることはいけません。知恵を拝借する、背中を押してもらう、その程度のことが積み重なるととても大きなエネルギーになります。海外も同様ですね。

環境の整備はこうして簡単にできますが、それを活用するかしないかはあなたの意識次第です。成功を祈念しています。

おわりに
——頑張って夢を持ってライフプランを設計してください

僕が政治家になったら真っ先に着手するのは、国家による認知症老人完全介護の実施だ。若い世代は働き、明るい社会を作り、税金を納めることで社会貢献するが、認知症などに罹った老親の介護は全て国が行う、という体制を作る。

加えて年金の一階建ての部分は、老若男女全員が一律消費税で負担して、年金負担加入期間がどうのこうのという議論は無くし、不平等感を払拭する。二階建て以上は個人が頑張った分多くもらえる、という当たり前のシステムである。

それらの結果、消費税が二〇％（年金手当分一三〜一五％、老人介護などの社会福祉で七〜五％配分）になってもガラス張りの運用であれば文句は出てこないはずである。この二つの施策でかなりの不平等感は払拭され、仕事に集中できるし、お金を使うということに躊躇しなくなると僕は確信している。社会が明るくなるはずである。

しかし、それ以上に今深刻な問題は若い世代の心のケアである。特に就職活動で苦労したであろう三五歳前後のビジネスマンである。

彼らは将来の日本の基盤を背負う。その彼らが今問題である。両親の離婚で受ける傷、ゆとり教育のような天下の失敗策の被害、夢を見るべき政治家・経済人の失態、法で社会をがんじがらめにする悪い意味でのアメリカ化。

彼らが就職活動で書かされた何十枚もの履歴書、味わった失望。そういう状況をケアする周りの環境がある若者は幸せだがそうでない学生が多い。

親の支援なし、周りに相談できるしっかりした社会人なし、金銭的・精神的に支えるシステムなし。「三なし」でたった数年の大学生活で就職活動をするのは、時折「酷であるな」と感じる。

その証拠に大学の就職課が作成する就職状況にどれほどの嘘が混じっていることか。今いるアルバイト先で食いつなぐ学生、行き場がなく大学院の広報に載せられて一年間の執行猶予を得た学生、就職そのものをあきらめた学生、親戚に転がり込んで体裁を保とうとする学生、意味なく留年する学生、専門学校に通いながら資格を目指す学生、が大勢いた。そういった経験を持つ三五歳世代は多い。

彼らは疲弊していることがある。彼らの話を聞き、助言し、激励する。それでも限界がある。いったいいつの時代から、学生がワンルームマンションなどというスラムに棲むようになったのだろうか。若いビジネスマンも同様である。

共同生活を通じて知る相手の痛みや助け合いは、そのためのホームベースを提供する人が多くないと一過性のものでしかなく、血肉になるような経験はあまりできていないと僕は感じている。

学生は下宿で、新卒の社員は寮生活が基本である。

なぜ基本か？　それは未熟だからである。未熟者が社会に出てはいけない。しっかり周りで教育し、厳しくも優しい言葉をかけ、間違いを正し、悩みを相談して解決し、一緒に飯を食い、飲み、プライバシーなどわずかにあればよい。それらを貧しい時代の産物というなら笑えばよい。だが悩んでいるときに受け止める人が回りにどれだけいるのか？

自殺者二万人時代というがこの異常な高さの原因は何か？　若年性鬱病はどうして起こるのか？　それぞれ専門家がいるが、増え続け解決されないのはなぜか？

子供の声が公園で弾まない時代、僕はいろいろ考えた。フィンランドを何度も訪問してこの国の強さは何かを考えた。北米・英国にも住んだ。イスラエルにも何度も足を運んで大統領にまで会って話をしてきた。もちろんアジアも旅した。それでもまだ答が出ない。そんな時に沖縄と出会い、この二〇年よく訪ねた。そして、漠然とだが、今の都会の疲弊の原因は、暖まる社会の欠如に尽きるのではないかと感じている。

それは、人々の心のゆとりの欠如のせいでもある。裏返すと、人々が心の癒しを求めて集う家や場所は東京にもたくさんあるのだが、少ない。精神的にゆとりのある大人が少ないせいかもしれない。

そこで提案である。定年退職したオヤジたち、ゆとりがある団塊世代の方々に、社会のゆとりをリードするその表し方を、もっと若い世代に向けていただきたい。頑固オヤジの下宿屋でもいい、公園での子供たちの見張り番でもいい、お母さん世代は日本の女性文化を娘世代にもっと伝えて欲しい。大学の講座にもっともっと参加して学生たちと話して欲しいのです。

今の大学の最大の問題点のひとつは教職員が身分の保守に入り、攻めて改善するゆとりがないことである。雑用が多すぎて本来の教育に専念する時間が減ったことである。四年間はもっと教養教育に注力して、専門は大学院にどんどん移行させるがよい。教養科目をもっとソクラテスメソッドを通じて議論できる余裕が欲しい。法律や会計・税務などは大学院で学ぶのが良い。

沖縄の風土にまだ少し「佳き時代」の名残を感じるのは、感覚的に笑顔の数が多いからだ。この笑顔には僕がフィンランドやイスラエルで見た印象に残る笑顔と共通するものがある。なぜか？　いまだわからないが、漠然と「アイデンティティー」を意識して確認できる暖かさ」があるからではないかと感じる。今の東京にはそれが少ない。下町や根津・千駄木が意図的に愛されているのは、そんなノスタルジーをかかえているからではないだろうか。

今僕は真剣に次の本を書いている。タイトルは「共同生活をしようよ」。幸せの原点はここにあると思うのである。日本人のサンクチュアリは共同生活だと思うのである。三五歳世代のみなさん、頑張って夢を持って七五歳現役時代を楽しみながらライフプランを設計してください。独立したとしても仲間たちとの共同体はしっかり運営して、楽しい五三年現役時代を謳歌しましょう。それを見た若い世代がまた夢を見ることができるような社会を作りましょう。

舛井一仁

Ver.1.4

（取締役会を設置する株式会社の発起設立）

受付番号票貼付欄

株式会社設立登記申請書

【平成30年3月12日以降】商号のフリガナは，会社の種類を表す部分（株式会社）を除いて，片仮名で，左に詰めて記載してください。間に空白がある場合には，空白を削除した文字をフリガナとして登録します。

このフリガナは，国税庁法人番号公表サイトを通じて公表されます。

なお，登記事項証明書には，フリガナは表示されません。

フリガナ　　○○ショウジ
1．商　号　　○○商事株式会社

1．本　店　　○県○市○町○丁目○番○号

1．登記の事由　平成○年○月○日発起設立の手続終了

1．登記すべき事項　別紙のとおりの内容をオンラインにより提出済み

登記すべき事項をオンラインにより提出してください。詳しくは，法務局ホームページ「商業・法人登記の申請書様式」(http://houmukyoku.moj.go.jp/homu/COMMERCE11-1.html)中の関連リンク「登記・供託オンライン申請システムによる登記すべき事項の提出について」を御覧ください。

なお，登記すべき事項は，ＣＤ－Ｒ（又はＤＶＤ－Ｒ）に記録することもできます。この方法によった場合には，「別添ＣＤ－Ｒのとおり」等と記載し，当該ＣＤ－Ｒ等を申請書と共に提出してください。詳しくは，法務局ホームページ「商業・法人登記の申請書様式」(http://houmukyoku.moj.go.jp/homu/COMMERCE11-1.html)中の関連リンク「登記すべき事項を記録した電磁的記録媒体（CD-R等）の提出について」を御覧ください。

1．課税標準金額　　金１，０００万円

資本金の額を記載します。

1．登録免許税　　金１５０，０００円

資本金の額の１０００分の7の額です。ただし，この額が１５万円に満たない場合には，１５万円になります。また，１００円未満の端数があるときは，その端数金額は切り捨てます。収入印紙又は領収証書で納付します（→収入印紙貼付台紙へ貼付）。

1．添付書類

定款	１通
発起人の同意書	○通

※設立に際して，発起人が割当てを受けるべき株式数及び払い込むべき金額，株式発行事項又は発行可能株式総数の内容が定款に定められていない場合に必要です。また，資本金及び資本準備金の額が定款に定められていない場合にも必要になります。

設立時代表取締役を選定したことを証する書面　1通

設立時取締役，設立時代表取締役及び設立時監査役の就任承諾書　○通

印鑑証明書　○通

※設立時代表取締役が就任承諾書に押した印鑑につき発行後３か月以内の市町村長が作成した印鑑証明書を添付します。なお，代表取締役の印鑑について「印鑑届書」をあらかじめ（この申請と同時に）提出する必要があります（用紙はお近くの法務局でお渡ししています（無料）。また，法務局ホームページ「商業・法人登記の申請書様式」(http://houmukyoku.moj.go.jp/homu/COMMERCE11-1.html)からダウンロードしていただくことも可能です。)。

本人確認証明書　○通

※設立時取締役，設立時監査役（印鑑証明書を添付しない役員）について，住民票記載事項証明書，運転免許証のコピー（裏面もコピーし，本人が原本と相違ない旨を記載して，署名又は記名押印したもの。２枚以上の場合には，合わせてとじて当該書面に押した印鑑で契印します。）等の本人確認証明書を添付します。詳しくは，法務局ホームページ「商業・法人登記の申請書様式」(http://houmukyoku.moj.go.jp/homu/COMMERCE11-1.html)中の関連リンク「添付書面としての本人確認証明書について」を御覧ください。

設立時取締役及び設立時監査役の調査報告書及びその附属書類　1通

※会社法第２８条各号に規定する変態設立事項に関する定めが定款に定められている場合に限ります。

払込みを証する書面　1通

※具体的な書面として，払込金受入証明書又は設立時代表取締役（指名委員会等設置会社にあっては設立時代表執行役）が作成した設立に際して出資される金銭の全額の払込みを受けたことを証明する旨を記載した書面に預金通帳の写しや取引明細書を合わせてとじたもの等が該当します。

資本金の額の計上に関する設立時代表取締役の証明書　1通

委任状　1通

※代理人に申請を委任した場合のみ必要です。

契印

それ以外の添付書類の例

株主名簿管理人との契約を証する書面

（注）株主名簿管理人を置いた場合に必要になります。この場合には，併せて，株主名簿管理人を選定した発起人の過半数の一致があったことを証する書面も必要です。

検査役の調査報告書及びその附属書類

（注）現物出資した場合に必要です（必要ない場合もあります)。

弁護士等の証明書及びその附属書類

（注）現物出資した場合に必要です。

不動産を現物出資した場合には，不動産鑑定士の鑑定評価を記載した書面の添付も必要です。

Ver.1.4

有価証券の市場価格を証する書面
（注）市場価格のある有価証券を現物出資した場合に必要です。
検査役の報告に関する裁判の謄本
（注）検査役の報告に関する裁判があった場合に必要です。

上記のとおり，登記の申請をします。

平成○年○月○日

○県○市○町○丁目○番○号※1
申請人　○○商事株式会社 ※2

※1～※4にはそれぞれ，
※1→本店，※2→商号，
※3→設立時代表取締役の住所，
※4→代理人の住所，
を記載します。

○県○市○町○丁目○番○号※3
代表取締役　○○○○　㊞

登記所に提出した印鑑を押します。

○県○市○町○丁目○番○号※4
上記代理人　○○○○　㊞

代理人が申請する場合にのみ記載し，代理人の印鑑（認印）を押します。この場合，設立時代表取締役の押印は，必要ありません。

契印

連絡先の電話番号

○○法務局　○○支　局　御中
出張所

Ver.1.4

収入印紙貼付台紙

収　入
印　紙

（注）割印をしないで貼ってください。

契
印

登記申請書（収入印紙貼付台紙を含む。）が複数ページになる場合は各ページのつづり目に契印する必要があります。契印は，登記申請書に押した印鑑（設立時代表取締役が法務局に提出した印鑑又は代理人の印鑑）と同一の印鑑を使用する必要があります。

登記の申請書に押印すべき者は，あらかじめ（この申請と同時でも構いません。）登記所に印鑑を提出することとされていますので，会社を代表すべき者の印鑑について，「印鑑届書」を提出する必要があります。

なお，印鑑届書の用紙はお近くの法務局でお渡ししています（無料）。また，法務局ホームページ「商業・法人登記の申請書様式」(http://houmukyoku.moj.go.jp/homu/COMMERCE11-1.html)にも掲載していますので，御利用ください。

働く人の「35歳」から後悔しない生き方

著　者　舛井一仁
発行者　真船美保子
発行所　KK ロングセラーズ
東京都新宿区高田馬場 2-1-2　〒 169-0075
電話（03）3204 5161（代）　振替 00120 7 145737
http://www.kklong.co.jp

印　刷　中央精版印刷（株）　製　本　（株）難波製本
落丁・乱丁はお取り替えいたします。※定価と発行日はカバーに表示してあります。
ISBN978-4-8454-2419-1　Printed In Japan 2018